Escravo ou camponês?

Ciro Flamarion S. Cardoso

Escravo ou camponês?

O protocampesinato negro nas Américas

editora brasiliense

Copyright © by Ciro Flamarion S. Cardoso
Nenhuma parte desta publicação pode ser gravada, armazenada em sistemas eletrônicos, fotocopiada, reproduzida por meios mecânicos ou outros quaisquer sem autorização prévia da editora.

ISBN: 85-11-13069-1
Primeira edição, 1987
1ª reimpressão, 2004

Capa: Douglas Canjani Araújo
Revisão: Fernanda Teixeira e Antônio C. M. Genz

Dados Internacionais de Catalogação na Publicação (CIP)
(Câmara Brasileira do Livro, SP, Brasil)

Cardoso, Ciro Flamarion S.
 Escravo ou camponês? : o protocampesinato negro nas Américas / Ciro Flamarion S. Cardoso. – São Paulo : Brasiliense, 2004.

 1ª reimpr. da 1ª. ed. de 1987.
 Bibliografia.
 ISBN 85-11-13069-1

 1. Camponeses – América 2. Escravidão – América I. Título.

04-2808   CDD-305.5633098

Índices para catálogo sistemático:
1. Américas : Protocampesinato negro : Sociologia : História   305.5633098

editora brasiliense s.a.
Rua Airi, 22 – Tatuapé – CEP 03310-010 – São Paulo – SP
Fone/Fax: (0xx11) 6198-1488
E-mail: brasilienseedit@uol.com.br
www.editorabrasiliense.com.br

livraria brasiliense s.a.
Rua Emília Marengo, 216 – Tatuapé – CEP 03336-000 – São Paulo – SP
Fone/Fax (0xx11) 6675-0188

Índice

A escravidão: tema velho, tema novo 7
   Escravidão antiga e escravidão moderna 7
   Novas maneiras de abordar um velho tema 14
   Em direção a novas visões sintéticas? 22

A "brecha camponesa" no sistema escravista .. 31
   O sistema escravista 31
      Principais opções teóricas e metodológicas .. 37
      A formação histórica do escravismo colonial
         nas Américas 46
      Fatores intervenientes na configuração do escravismo colonial 49
      O funcionamento econômico do escravismo colonial 52
      A sociedade escravista e suas lutas 53
   A "brecha camponesa" 54
      Sul dos Estados Unidos 60
      Caribe britânico 68
      Caribe francês 77
      Caribe espanhol 84
      Conclusão 87

A "brecha camponesa" no Brasil: realidades, interpretações e polêmicas 91
   A "brecha camponesa" no Brasil à luz de fontes primárias e estudos recentes 91
   O protocampesinato escravo como tema de estudos no Brasil: do relativo desinteresse à polêmica ... 114

Este livro está dedicado, com afeto,
à minha turma de História Antiga do
Oriente (turno da manhã) na Universidade
Federal Fluminense, primeiro semestre de 1986.

A escravidão:
tema velho, tema novo

O nosso assunto específico só tem sentido no contexto de uma determinada visão do fenômeno da escravidão no Novo Mundo e de seu significado, mais abrangentemente de uma dada teoria do escravismo colonial moderno. Por tal razão, neste capítulo trataremos de explorar novos enfoques que, em anos recentes, têm renovado este tema, já antigo na historiografia das Américas; e — por que não? — de propor outros. Mostraremos, sempre que necessário, a lógica de tal incursão num terreno mais amplo do que o indicado pelo título de nosso livro.

Escravidão antiga e escravidão moderna

Em seu magnífico livro sobre a escravidão antiga e a ideologia moderna, Moses Finley mostra — magistralmente — de que modo os estudos a respeito da escravidão negra nas Américas tiveram repercussões positivas sobre as análises das sociedades clássicas. Por exemplo, o conhecimento dos quilombos e das verdadeiras guerras a eles ligadas ocasionalmente, de sua capacidade de resistir por anos a fio e, às vezes — como na Jamaica e no Suriname

—, de impor aos colonizadores verdadeiros tratados de paz (com concessões feitas por ambas as partes), tornou crível um episódio antes considerado altamente improvável pelos classicistas: o de Drímaco, chefe de algo que poderia ser chamado de quilombo (salvo pelas conotações africanas deste termo, claro) na ilha grega de Quios no século III a.C., tal como narrado por Ninfodoro de Siracusa *apud* Ateneu.[1] Por outro lado — e aí está um novo exemplo —, as dúvidas acerca do caráter escravista da sociedade clássica enfraqueceram-se devido ao fato de no Sul dos Estados Unidos, no século XIX, haver existido uma sociedade indubitavelmente escravista, sem que os escravos nela fossem jamais a maioria da população (eram 33% em 1860) — conquanto, no passado, o argumento do caráter minoritário dos escravos (indubitável, por exemplo, na Itália romana de fins da República) fosse esgrimido para provar que Atenas ou Roma nunca foram escravistas.[2]

Agora queremos propor o caminho inverso, através desta pergunta: será que o avanço considerável, realizado nas últimas décadas, quanto ao estudo da escravidão antiga não conterá lições valiosas para os que se interessam pela escravidão moderna? Pensamos, naturalmente, em lições antes de tudo metodológicas e teóricas, não numa impossível transposição automática de resultados; mas achamos, também, que há analogias e paralelos interessantes a estabelecer, com os cuidados necessários. Limitar-nos-emos, aqui, a dois exemplos somente, embora pudéssemos apresentar muitos mais, sem dificuldade.

---

(1) Finley, M. I., *Ancient slavery and modern ideology*, Nova Iorque, The Viking Press, 1980, pp. 113-114.
(2) *Idem*, pp. 79-85.

Uma preocupação, já presente em diversos autores há várias décadas, tem-se acentuado — o que é muito positivo — em forma paralela nos estudos clássicos e americanistas recentes: a de mostrar que a escravidão propriamente dita é apenas uma entre várias formas possíveis de uma categoria mais geral — o *trabalho compulsório*.[3] É provável, porém, que alguns estudiosos da Antigüidade tenham sistematizado mais adequadamente certas noções úteis a respeito.

Yvon Garlan, para o mundo grego — e suas conclusões são facilmente generalizáveis para o romano —, propôs distinguir o *escravo-mercadoria*, típico da escravidão clássica plenamente desenvolvida, de uma outra forma genérica de trabalho compulsório: as *servidões comunitárias* (o autor usa, em francês, o termo *servitude*, não *servage*, o que tem a vantagem de evitar qualquer confusão com formas medievais de trabalho: em português, no entanto, não há como reproduzir a distinção). As duas modalidades do trabalho forçado se diferenciavam em dois pontos centrais: 1) o tornar-se escravo-mercadoria — por captura ou nascimento — era um destino individual (mesmo se milhares fossem capturados ao mesmo tempo), enquanto os participantes das servidões comunitárias sempre integravam categorias sociais cujo destino era coletivo; 2) a reprodução do sistema que se baseava no escravo-mercadoria era predominantemente externa (importação de cativos), enquanto as "servidões comunitárias" se reproduziam internamente.

Garlan propôs, ainda, distinguir, quanto às servidões comunitárias, dois subtipos básicos: 1) ser-

---

(3) *Cf.* Kloosterboer, W., *Involuntary labour since the abolition of slavery*, Leiden, E. J. Brill, 1960.

vidão intracomunitária, resultante de uma diferenciação interna no seio de uma dada comunidade (por exemplo os servos por dívidas, em Atenas antes das reformas de Sólon em 594-593 a.c., em Roma antes da lei Poetelia Papiria, que é talvez de 323 a.C.); 2) servidão intercomunitária, que ocorre nos casos em que uma determinada comunidade explora outra considerada distinta, mesmo se ambas integrassem politicamente alguma "comunidade superior" (por exemplo, comunidades assim exploradas seriam, na Grécia, os hilotas de Esparta ou os penestes da Tessália além dos *laoí* dos reinos helenísticos).[4]

Ora, estamos convencidos de que um raciocínio análogo permitiria sistematizar em forma útil a classificação — usualmente confusa devido, entre outras razões, a uma nomenclatura superabundante nas próprias fontes primárias — das formas de trabalho compulsório discerníveis nas Américas, sobretudo até o século passado; e ajudaria a perceber a lógica de sua adoção. Também em nosso continente acharíamos, além do escravo-mercadoria, exemplos claros e variados de "servidão intracomunitária" (o *peonaje por deudas*, certas formas de trabalho presentes nos *obrajes* de tecidos da América Espanhola; o *cambão* brasileiro, ligado também a sistemas de endividamento) e intercomunitária (as diversas formas do *repartimiento de indios*, tanto na América Espanhola quanto na Amazônia Portuguesa, constituem um exemplo adequado). Na ausência de um sistema cômodo e bem fundamentado como o proposto por Garlan, com freqüência se tem caído, nos estudos de nosso continente, quanto ao

---

(4) Garlan, Yvon, *Les esclaves en Grèce ancienne*, Paris, Francois Maspero, 1982, caps. 1 e 2.

ESCRAVO OU CAMPONÊS?

tema do trabalho que nos interessa, numa de duas distorções simetricamente opostas: 1) a confusão, sob a etiqueta "escravidão", de formas de trabalho forçado, na verdade muito heterogêneas em sua lógica, em seu funcionamento e em suas conseqüências;[5] 2) ou a propensão, criticada por Pérez Brignoli, à multiplicação excessiva das categorias de análise, por exemplo, transformando cada relação de produção que apresente algumas especificidades num modo de produção distinto.[6]

A História Antiga teria a possibilidade, outrossim, de auxiliar a das Américas sob outro prisma: o das condições históricas em que a escravidão (neste caso nos referimos especificamente à escravidão propriamente dita, ao escravo-mercadoria) pode emergir como relação central de produção. Isto porque, nas duas áreas de pesquisa histórica, defendeu-se em diferentes momentos a tese errônea de que, no surgimento do escravismo antigo ou moderno, a oferta de escravos precederia a procura — por razões ligadas a guerra na Antigüidade (abundância de cativos passíveis de escravização em certos períodos) e aos interesses da acumulação mercantil nos Tempos Modernos.[7]

No campo dos estudos clássicos, I. Hahn sistematizou muito bem a questão de quais seriam as

---

(5) Um exemplo: Novais, Fernando, "Estrutura e dinâmica do Antigo Sistema Colonial (séculos XVI-XVIII)", *Cadernos CEBRAP*, n.º 17, São Paulo, Brasiliense, 1977, 3.ª ed., pp. 27-28.
(6) Pérez Brignoli, Héctor, "Colonial development and agricultural history in Latin America", *in* Chandra, B. (ed.), *Typology of colonial economic development*, Budapeste, Akadémiai Kiadó, 1982, pp. 19-27.
(7) Para a Antigüidade, ver a crítica de Finley, *op. cit.*, p. 86; para os Tempos Modernos, *cf*. Novais, *op. cit.*, p. 32: "Paradoxalmente, é a partir do tráfico negreiro que se pode entender a escravidão africana colonial, e não o contrário". Já nos voltáramos contra esta tese num trabalho anterior: Cardoso, Ciro F. S., *A Afro-América: a escravidão no Novo Mundo*, col. "Tudo é História", n.º 44, São Paulo, Brasiliense, 1982, pp. 18-19.

condições necessárias para que surgisse uma procura de escravos suficiente para o lançamento do modo de produção escravista (já que tal procura precedeu, lógica e historicamente, a oferta):

1) num mundo fundamentalmente agrário como o antigo, a primeira condição é a existência de uma propriedade privada da terra, estando esta concentrada o suficiente para que certas famílias não pudessem cultivar suas terras sem uma mão-de-obra permanente extra familiar;

2) a segunda condição é um desenvolvimento suficiente da produção mercantil — não necessariamente sobre bases monetárias, porém — e dos mercados (locais ou distantes): os escravos eram importados e era preciso comprá-los, portanto não teria sentido um escravismo desenvolvido sem produção para o mercado;

3) a última condição consiste na inexistência de um suprimento interno adequado de força de trabalho dependente, levando à necessidade de ir buscá-la fora.[8]

Até que ponto tais "condições necessárias" foram igualmente necessárias no caso da História das Américas no período colonial para que surgisse a escravidão? Parece-nos que o foram *in totum*. A segunda delas chega até a ser tautológica ao se tratar da colonização mercantilista. A primeira poderia ser ampliada no sentido de incluir a apropriação de todos os recursos naturais estratégicos e não só a da

---

(8) Hahn, I., *Die Anfänge der antiken Gesellschaftsformation in Griechenland und das Problem der sogennanten asiatischen Produktionweise*, *Jahrbuch für Wirtschaftsgeschichte*, 2, 1971, pp. 29-47; Finley, *idem*, pp. 86-90: generaliza para Roma a análise de Hahn, que se limitara à Grécia; Cardoso, Ciro F. S., *O trabalho compulsório na Antiguidade*, Rio de Janeiro, Graal, 1984, pp. 39-41 e 53-54.

terra.⁹ A última já fora bem percebida, em sua lógica específica no continente americano nos Tempos Modernos, por S. Zavala há mais de vinte anos.¹⁰ É claro que o paralelo entre a escravidão antiga e a moderna não constitui propriamente uma novidade. Os próprios colonizadores tinham consciência de certas analogias, o que fica patente em algumas legislações escravistas do século XVIII, que se apoiaram amplamente em definições e regras do Direito Romano,¹¹ por exemplo, ao fazerem especificações acerca do *pecúlio* dos escravos. Por outro lado, uma obra relativamente recente, mas já clássica, da historiografia da escravidão moderna, parte, justamente, de tal paralelo.¹² A atitude metodológica comparativa é, porém, neste caso, dificultada pela compartimentação acadêmica que separa estritamente os especialistas em História Antiga de seus colegas de História da América. No Brasil, em especial, a abolição das cátedras universitárias foi até certo ponto puramente formal: as cátedras se reconstituíram paralegalmente, como *chasses gardées* do saber compartimentado, sob o nome de "áreas" ou "setores", e quanto a isto os Departamentos de História não são exceção. É óbvio que a separação estanque resultante, feita em nome de uma especialização necessária — aliás nem sempre de fato le-

(9) Cardoso, Ciro F. S., *O trabalho na América Latina colonial*, "Princípios" nº 33, São Paulo, Ática, 1985, pp. 36-37.
(10) Zavala, Silvio, *Indigènes et colonisateurs dans l'histoire d'Amérique*, Cahiers de l'Institut des Hautes Études de l'Amérique Latine, VI, 1964, pp. 7-25.
(11) Ver, para um bom exemplo: Malagón Barceló, Javier, *Código Negro Carolino (1784)*, Santo Domingo, Ediciones de Taller, 1974.
(12) Davis, David Brion, *El problema de la esclavitud en la cultura occidental*, trad. R. Bixio, Buenos Aires, Paidós, 1968 (o original em inglês foi publicado em 1966); ver também: Finley, Moses I., "The idea of slavery: critique of David Brion Davis, The problem of slavery in Western culture". *The New York Review of Books*, 3, 1, 1967, pp. 7-10.

vada a sério, ou à prática da pesquisa — pode ser tremendamente empobrecedora.

Novas maneiras de abordar um velho tema

Em 1982, ao publicar *A Afro-América: a escravidão no Novo Mundo*, fomos acusados de "desprezo quase olímpico pela produção dos autores nacionais" e de "prosternação quase que de colonizado diante de obras de autores estrangeiros..."[13] Ora, o que constatávamos, há quatro anos, continua sendo verdade: no conjunto, a produção brasileira acerca da escravidão é que ignora de modo quase olímpico a imensa maioria do que se publica — sobretudo nos Estados Unidos e no Caribe, por vezes também na Europa — sobre a mesma temática (com freqüência são ignorados até os textos especificamente referentes à escravidão brasileira publicados no exterior!). Talvez por isso mesmo aquela produção às vezes continue se apoiando tranqüilamente em paradigmas já inaceitáveis (como a tese de E. Williams)... ou descobrindo a pólvora! Nem sempre foi assim, entretanto: há cerca de vinte anos, intelectuais brasileiros estiveram em perfeita e sincrônica sintonia com a corrente — então uma novidade de peso — que, nos Estados Unidos, no Caribe e na América Latina, começava a criticar um outro paradigma, muito influente desde os anos 1930: aquele baseado na distinção de sistemas escravistas específicos ou diferentes entre si, cujo fundamento

---

(13) Moura, Clóvis, "Escravismo, análise e ação social", "Folhetim" (publicação semanal de *A Folha de S. Paulo*), de 16.5.1982, pp. 8-10. Ver a polêmica iniciada então, nos números do "Folhetim", de 30.5.1982 e de 27.6.1982.

eram os trabalhos de G. Freyre, F. Tannenbaum, S. Elkins e H. Klein, por ordem de publicação.[14]

É claro que, também hoje em dia, há exceções que parecem desmentir nosso pessimismo: a obra de José de Souza Martins é um exemplo, pois, em lugar de repetir-se incansavelmente de um trabalho ao seguinte, apresenta sempre visões renovadas ou aperfeiçoadas.[15] Mesmo assim, no conjunto, é para fora do país que teremos de nos voltar, na maioria dos casos, para perceber enfoques realmente novos a respeito da escravidão nas Américas, se estivermos pensando no publicado durante os últimos quinze anos aproximadamente. Aqui só poderemos fazer uma apreciação muito seletiva.

Mencionemos primeiro, partindo dos aspectos mais gerais, aquilo que Caio Prado Jr. chamou de o "sentido da colonização".[16]

Quanto a isto, a evolução dos estudos apresentou duas tendências que se nos afiguram importantes: 1) confirmou-se o descrédito das teses de Eric Williams; 2) estendeu-se às colônias escravistas o mesmo tipo de raciocínio e de análises que se aplicara anteriormente ao comércio da América Espanhola (por exemplo, nos trabalhos de J. Lynch e D. Brading).

(14) Já escrevemos sobre o debate em questão: Cardoso, Ciro F. S., *Agricultura, escravidão e capitalismo*, 2ª ed., Petrópolis, Vozes, 1982, cap. 2.
(15) Para constatá-lo, basta comparar — quanto ao problema da transição do trabalho escravo a outras formas de trabalho — o recente artigo do autor — Martins, José de Souza, "Del esclavo al asalariado en las haciendas de café, 1880-1914. La génesis del trabajador volante", *in* Sánchez-Albornoz, N. (ed.), *Población y mano de obra en América Latina*, Madri, Alianza Editorial, 1985, pp. 229-257 — ao seu importante trabalho anterior: Martins, José de Souza, *O cativeiro da terra*, São Paulo, Ed. Ciências Humanas, 1979.
(16) Prado Jr., Caio, *Formação do Brasil contemporâneo. Colônia*, 7ª ed., São Paulo, Brasiliense, 1963; "Sentido da colonização" é o título do primeiro capítulo do livro, pp. 13-26.

Na linha dos trabalhos anteriores de R. Anstey e S. Drescher, o artigo de D. Richardson acerca do tráfico de escravos pelo porto de Liverpool mostrou lucros que, vistos num período longo, permaneceram modestos (na curta duração, as oscilações eram violentas). O próprio Anstey calculou, para o período 1760-1810, que a contribuição do tráfico de escravos à formação de capital na Inglaterra se situou por volta de 0,11%! Nem todos assumiram uma posição tão extrema, porém. R. Sheridan, como anteriormente C. Kindleberger, deslocando a questão dos termos em que a colocara E. Williams, mostrou que, se não "financiaram" a Revolução Industrial como fora pensado, o tráfico e o conjunto do comércio triangular trouxeram estímulos ao crescimento dos portos metropolitanos a eles ligados e a suas regiões vizinhas, e, mais em geral, contribuíram para a maturidade da economia britânica pré-industrial, de maneira predominantemente indireta. A mesma conclusão foi estendida ao caso francês.[17] Seja como for, ninguém mais — a não ser por ignorância ou falta de informação — pode continuar simplesmente a repetir, na atualidade, as afirmações de E. Williams a respeito destes assuntos.

Lynch e Brading haviam observado que, entre as teorias do monopólio colonial e as realidades do funcionamento efetivo do comércio das colônias es-

---

(17) Richardson, David, "Profits in the Liverpool slave trade: the accounts of William Davenport, 1757-1784", in Anstey, R. e Hair, P. E. H., *Liverpool, the African slave trade and abolition*, Liverpool, Historical Society of Lancashire and Cheshire, 1976, pp. 60-90; Anstey, R., *The volume and profitability of the British slave trade 1761-1807*, in Engerman, S. L. e Genovese, E. O. (eds.), *Race and slavery in the western hemisphere. Quantitative studies*, Princeton University Press, 1975, p. 24; Sheridan, R., *Sugar and slavery. An economic history of the British West Indies, 1622-1775*, Baltimore, The Johns Hopkins University Press, 1974, p. 479; Pérotin-Dumon, Anne, *Être patriote sous les tropiques. La Guadeloupe, la colonisation et la Révolution*, Basse-Terre, Société d'Histoire de la Guadeloupe, 1985, pp. 57-58.

panholas, podia haver um abismo — ou seja, em certas situações, o mundo colonial hispânico escapara em boa medida ao exclusivo, embutido no sistema colonial.[18] Esta constatação foi feita também no relativo ao comércio antilhano: ao lado das ilhas de *plantations*, desenvolvidas em escala maior ou menor no quadro do monopólio, A Pérotin-Dumon nos fala das ilhas abertas, dedicadas à navegação de cabotagem, ao contrabando, à pirataria, em detrimento do monopólio comercial metropolitano. Na mesma ordem de idéias se inscrevem as análises do *exclusif mitigé* francês.[19]

Estas tendências historiográficas têm a grande vantagem de corrigir a visão das colônias como uma espécie de simples quintal das metrópoles, só importando vê-las em função da economia européia, da acumulação primitiva e do sistema colonial mercantilista. Conduzem, pelo contrário, à valorização das variáveis internas, presentes nas próprias sociedades coloniais, o que na nossa opinião é altamente positivo e só pode redundar em benefício de temáticas como a que nos ocupará nos capítulos seguintes deste livro.

Novidades houve também no tocante à discussão acerca da rentabilidade das *plantations* escravistas — tema que convém diferenciar, como diz W.

(18) Lynch, John, *Administración colonial española, 1782-1810*, 2ª ed., trad. de G. Tjarks, Buenos Aires, EUDEBA, 1967; Brading, David A., "El mercantilismo ibérico y el crecimiento económico en la América Latina del siglo XVIII", *in* Florescano, E. (ed.), *Ensayos sobre el desarrollo económico de México y América Latina (1500-1975)*, México, Fondo de Cultura Económica, 1979, pp. 293-314.
(19) Pérotin-Dumon, *op. cit.*, pp. 67-88; Cardoso, Ciro F. S., *Economia e sociedade em áreas coloniais periféricas: Guiana Francesa e Pará (1750-1817)*, Rio de Janeiro, Graal, 1984, pp. 40-41, 194-195. Em tese ainda inédita, Luiz Felipe Alencastro estudou as relações Brasil-Angola na época colonial, tema já tratado por Charles Boxer e que vai no mesmo sentido dos exemplos aqui indicados.

Barrett, em pelo menos três aspectos diferentes: produtividade, eficiência e lucratividade (sendo os dois primeiros próximos um do outro, mas o terceiro bem distinto). Barrett escreveu um importante ensaio em que mostrou, baseando-se num estudo comparativo da questão do rendimento das terras e da produtividade do trabalho em diversas colônias escravistas e na região mexicana de Morelos (também açucareira como as primeiras, mas no período estudado já não escravista), a incidência, no sentido de explicar as enormes variações constatadas, de fatores como as condições naturais e a tecnologia empregada no setor agrícola da *plantation*, recusando conclusões polares e simplificadoras.[20] No mesmo sentido vão as análises mais detalhadas de casos. Se em Worthy Park, *plantation* açucareira da Jamaica, entre 1783 e a abolição da escravidão (1833) a percentagem dos lucros sobre o capital foi em média de 9%, e muito maior em certas ocasiões (16,9% em 1774, 15,4% em 1794, 18,3% em 1814); e se na Bahia colonial talvez os lucros variassem entre 5 e 10% na maioria dos casos, sendo considerados excepcionais lucros entre 10 e 15%, na mesma Bahia há os casos dos engenhos de Sergipe e de Santana, com lucros muito inferiores — embora Schwartz efetue cálculos que mudam, até certo ponto, as conclusões; e no Caribe francês o lucro sobre o capital investido nas *plantations* açucareiras da ilha de Guadalupe era, em média, de 4,5% somente: o que reflete certos dados estruturais, como a forte dependência dos plantadores locais frente aos comerciantes.[21] Tudo

---

(20) Barrett, Ward, *The efficient plantation and the inefficient hacienda*, The James Ford Bell Lectures, n? 16, Minneapolis, *University of Minnesota*, 1979.
(21) Craton, Michael, "Worthy Park, 1670-1872: cambios y continuaciones en el sistema jamaiquino de plantación azucarera", *in* Florescano, E.

isto é importante para que não se ceda à tentação de generalizar as conclusões — aliás em si mesmas duvidosas — a que chegaram os autores de *Time on the cross*.[22] Por outro lado, todos estes trabalhos ajudaram a corrigir também outras perspectivas falsas, como, por exemplo, o fraco peso das despesas com escravos, encontrado por Mauro na contabilidade de que dispôs, relativa ao engenho de Sergipe do Conde, aliás incompleta, como mostra Schwartz;[23] mostraram igualmente o caráter arcaico, pouco planejado e fragmentário da gestão e da contabilidade das *plantations* coloniais.

Um outro tema em que os estudos recentes vão contra o ufanismo escravista de Fogel e Engerman é a constatação a que permitem chegar, de que freqüentemente a mão-de-obra escrava representou uma taxa elevada de depreciação do capital, limitando a lucratividade das *plantations*;[24] obviamente, há casos de lucratividade maior, conhecidos sobretudo para o século XIX, mas a generalização indiscriminada seria inadequada, o que impõe a atenção para os diferentes casos, regiões e épocas.

(ed.), *Haciendas, latifundios y plantaciones en América Latina*, México, Siglo XXI, 1975, pp. 573-609 (especialmente pp. 594-595); Schwartz, Stuart B., *Sugar plantations in the formation of Brazilian society, Bahia, 1550-1835*, Cambridge, Cambridge University Press, 1985, pp. 226-228; Schnackenbourg, Charles, "Sucreries de la Guadeloupe dans la seconde moitié du XVIII[2] siècle (1760-1790)", Paris, tese inédita, 1971.

(22) Engerman, S. e Fogel, R., *Time on the cross, The economics of American negro slavery*, 2 vols., Boston, Little, Brown, 1974; ver também Bell, Rudolf, "A escravidão como um investimento: dólares e seres humanos", in Pinheiro, Paulo Sérgio (coord.), *Trabalho escravo, economia e sociedade*, Rio de Janeiro, Paz e Terra, 1984, pp. 9-25.

(23) Mauro, Frédéric, *Le Portugal, le Brésil et l'Atlantique au XVII[2] siècle (1570-1670)*, Paris, Jean Touzot, 1983, pp. 239-258; Schwartz, *op. cit.*, cap. 8; os dados relativos à ilha de Guadalupe confirmam a correção feita por Schwartz à análise de Mauro: Pérotin-Dumon, *op. cit.*, p. 92.

(24) Sheridan. *op. cit.*, p. 382; Sheridan, R., "Sweet malefactor: the social costs of slavery and sugar in Jamaica and Cuba, 1807-1854", *The Economic History Review*, maio 1976, pp. 236-257.

Avançou-se, também, no estudo social da escravidão. A *plantation* passou a ser analisada segundo um enfoque tanto antropológico e social quanto econômico, bem como em suas relações com a sociedade global. Um livro excelente quanto a isto é o já citado, de S. Schwartz, sobre a Bahia. Pioneiro em sua época foi o de G. Hall sobre o controle social em sociedades escravistas. Mencionemos também a percepção da importância dos camponeses na economia e na sociedade, na época da escravidão.[25]

Um ponto em que queremos insistir, no campo das pesquisas sociais, por ser bastante demonstrativo do isolacionismo brasileiro já mencionado quanto aos estudos da escravidão, é o das revoltas e quilombos. Enquanto as teses de autores como Jean Fouchard são hoje objeto de críticas bem fundamentadas,[26] no Brasil certas obras, aparentemente vinculadas à emergência recente de um movimento negro no país, vêm colocando inadeqüadamente a questão da rebeldia negra e, em especial, a de seu papel na abolição da escravidão.[27] Outrossim, os autores dessas obras ignoram solenemente mesmo os trabalhos estrangeiros sobre Palmares e outros quilombos brasileiros — que no entanto, no caso palmarino, ao usarem documentação holandesa útil para a caracterização interna do Estado negro na

---

(25) Schwartz, *op. cit.*; Hall, Gwendolyn Midlo, *Social control in slave plantation societies. A Comparison of St. Domingue and Cuba*, Baltimore, The Johns Hopkins Press, 1971.

(26) Geggus, David, "Slave resistance sutdies and the Saint-Domingue slave revolt: some preliminary considerations", Miami, Latin American and Caribbean Center (Florida International University), 1983 (*Occasional Papers*, n.º 4, mimeo).

(27) Pensamos, por exemplo, em textos de Clóvis Moura e Mario Maestri Filho.

primeira parte do século XVII, permitiriam diminuir a distorsão que consiste em que a maior parte das fontes usadas aqui se concentra na *destruição militar* de Palmares, não em suas estruturas internas! —, os quais chegam a resultados por vezes bem diversos sobre o quilombismo em nosso país. De fato, certos textos publicados no Brasil, e que não partilham as interpretações dos autores que mencionávamos, são também ignorados.[28] É claro que também aqui há exceções a citar, em especial o livro recém-publicado e excelente de J. J. Reis.[29] Quanto à relação entre rebeldia negra e abolição no século XIX, parece-nos que a demonstração de que a primeira, presente desde o início da escravidão e, portanto, traço estrutural da própria sociedade escravista, possa ter tido um peso específico considerável no processo da segunda, teria de seguir um de dois caminhos: 1) provar uma incidência quantitativamente maior de movimentos em 1850-1888; 2) ou mostrar como, nas novas condições inauguradas com a abolição do tráfico africano em 1850, mesmo uma incidência similar à do passado teria um peso maior na fragilização e crise do sistema escravista e, portanto, em sua superação. Ora, ainda nos trabalhos mais documentados, uma demonstração como esta, na verdade, está ausente ou não é con-

(28) *Cf.*, por exemplo, Kent, R. K., "Palmares: an African state in Brazil", e Schwartz, Stuart B., "The *Mocambo*: slave resistance in colonial Bahia", ambos os artigos incluídos *in* Price, Richard (ed.), *Maroon societies*. *Rebel slave communities in the Americas*, Baltimore, The Johns Hopkins University Press, 1983, pp. 170-190 e 202-226. Entre análises publicadas no Brasil que são sistematicamente "esquecidas" nas discussões da relação rebeldia negra/abolição, mencionamos: Almada, Vilma Paraíso F. de, *Escravismo e transição. O Espírito Santo (1850-1888)*, Rio de Janeiro, Graal, 1984, pp. 154-174; Queiróz Mattoso, Katia M., *Ser escravo no Brasil*, trad. J. Amado, São Paulo, Brasiliense, 1982, pp. 158-166.

(29) Reis, João José, *Rebelião escrava no Brasil. A história do levante dos malês, 1835*, São Paulo, Brasiliense, 1986.

vincente.[30] Todo este debate ganharia muito, evidentemente, com o conhecimento das novas discussões sobre a rebeldia negra em outras áreas das Américas (Sul dos Estados Unidos, Saint-Domingue/ Haiti, Cuba, etc.).

Em direção a novas visões sintéticas?

Em fins da década de 1960 e na primeira metade da década seguinte, chegou ao auge a discussão internacional sobre os modos de produção na América Latina colonial. Tendo participado ativamente de tal debate, tentamos há poucos meses explicar as razões que o conduziram, por fim, a um impassse.[31] Ao mesmo tempo, afirmávamos então que, segundo nos parece, uma conjuntura intelectual distinta e, sobretudo, o progresso muito grande que desde então se deu nos conhecimentos acerca das economias e sociedades coloniais (e de suas continuações no século passado) permitiriam hoje, em princípio, uma retomada mais proveitosa daquela discussão no sentido da busca de novas visões de síntese — coisa que nos parece muito necessária para uma organização adequada e teorizada dos conhecimentos, agora bem mais consideráveis, de que dispomos.

Há também, no entanto, fatores que conspiram ainda contra isso. Alguns, ligados a certas modas intelectuais de duvidosa pertinência, hoje predominantes nas esferas da intelectualidade latino-americana, foram abordados no livrinho a que se refere a

---

(30) Em nossa opinião isto ocorre com um livro, no entanto, bem documentado: Lima, Lana Lage da Gama, *Rebeldia negra e abolicionismo*, Rio de Janeiro, Achiamé, 1981.
(31) Cardoso, *O trabalho na América Latina colonial*, cit., pp. 69-81.

última nota acima. Mas existem outros, talvez mais importantes. O que mais nos chama a atenção, ao tentarmos uma visão de conjunto da historiografia latino-americana recente, é a sua falta de progressão lógica. D. A. Brading o constatou bem, há vários anos, para a História Econômica, mas sua observação pode ser generalizada. Os livros importantes raramente propiciam debates públicos, e, quando tal ocorre, os efeitos desses debates não vão muito longe. Essas obras também têm efeitos multiplicadores limitados, esporádicos e assistemáticos, no que tange à geração de novas pesquisas e à formação do que poderíamos chamar de verdadeiras escolas de pesquisadores.[32] O mesmo tende a ocorrer com as discussões de tipo teórico.

As razões da descontinuidade, da falta de progressão lógica, são de vários tipos. Refletem, em parte, o fato da ausência de planejamento na escolha dos temas de pesquisa — escolha que é determinada de forma quase exclusiva pelos interesses particulares dos pesquisadores. Eis aqui as observações de E. Florescano sobre a historiografia mexicana, facilmente generalizáveis:[33]

"O itinerário seguido pela pesquisa histórica mexicana nos últimos anos se assemelha mais a um mapa de aventuras individuais, no qual pululam as acelerações sem continuidade, os cruzamentos e paralelismos fortuitos, as rupturas e as rotas em ziguezague, do que um roteiro em que se organizem

(32) Brading, D. A., "Las tareas primarias en la historia económica en América Latina", in *La historia económica en América Latina*, vol. 2, México, Secretaría de Educación Pública, 1972, pp. 100-116.
(33) Florescano, Enrique, "Los historiadores y el poder", *Nexos* (México), IV, 46, out. 1981, pp. 27-37 (a citação é da p. 33).

com nitidez correntes, tendências, encadeamentos e metas claras, perseguidas com continuidade".

Poder-se-ia argumentar que, também em países como os Estados Unidos, a Inglaterra ou a França, as temáticas de pesquisa são de livre escolha dos historiadores e dos estudantes de pós-graduação. Isso é verdade. Mas há fatores que corrigem — em parte, pelo menos — a anarquia e a descontinuidade que disso poderiam resultar. Eis aqui alguns: a formação de grupos coerentes de pesquisadores à volta de um intelectual de prestígio; uma densidade muito maior dos estudos e dos especialistas e uma freqüência também mais importante das oportunidades de participação em reuniões científicas locais, nacionais e internacionais; a publicação relativamente rápida de boa parte das pesquisas produzidas, e bibliotecas com recursos humanos e materiais suficientes para uma política de compras que permita uma atualização, razoável e sem grandes obstáculos, dos usuários. Acima de tudo, os pesquisadores se movem num verdadeiro ambiente acadêmico que, entre outras coisas, submete sistematicamente à crítica as suas produções.

Os historiadores latino-americanos são menos numerosos, mais dispersos e isolados, além de enfrentarem muitas dificuldades para publicar e para se informar suficientemente do que se tem feito em anos recentes em matéria de pesquisa histórica no seu próprio país e em nível internacional. Um ambiente acadêmico débil e pouco estruturado propicia cobranças e críticas só em contados casos, o que permite quase sempre uma total impunidade à desatualização metodológica, à escolha de temas irrelevantes, às vezes mesmo ao plágio ou à contrafação. As associações profissionais praticam o populismo mais deslavado ou funcionam como simples sindicatos, abdicando de suas funções propriamente acadêmicas (embora mantenham uma retórica de fachada a respeito). As funções de cobrança, na falta de uma massa crítica suficiente entre os profissionais de História, têm falhado lamentavelmente quando as assumem burocracias universitárias e governamentais, aliás, despreparadas para tarefa tão difícil — sobretudo num ambiente como o nosso.

O próprio fato de, como mencionamos anteriormente, se tentar às vezes fazer uma contraposição entre produção nacional e produção estrangeira no campo da escravidão é sintomático de um outro tipo de problema. Para entender melhor do que se trata, começaremos por falar das conseqüências do processo de progressiva profissionalização e institucionalização do trabalho dos historiadores (como de muitos outros intelectuais), ocorrido na América Latina — ou pelo menos em seus países maiores —, principalmente nas últimas quatro décadas, mesmo se, como já foi mencionado, o resultado final desse processo seja algo até agora mais débil, mais precário e menos estruturado e coerente do que nos países mais desenvolvidos.

Em artigo já citado,[34] Florescano analisa esta questão no tocante ao México. A partir de 1940, criaram-se naquele país numerosas instituições dedicadas especialmente ao ensino, à pesquisa e à publicação de obras históricas. Isto, ao gerar um espaço social específico, bloqueou e mediou as relações políticas diretas dos historiadores com os centros de poder e com as forças sociais, estabeleceu normas de conhecimento e de práticas de pesquisa que passaram — apesar de tantas limitações — a nortear o

(34) *Idem.*

trabalho histórico e seus critérios de aceitação e rejeição, e criou exigências precisas de titulação. Acha o autor que a especialização e profissionalização resultantes levaram a que, em poucas décadas, se multiplicasse muito a produção de teses, livros e artigos de História. No entanto, enquanto o historiador do século XIX escrevia História a partir de uma motivação diretamente política e numa linguagem compreensível para o público culto em geral, hoje em dia o hermetismo — trazido pela sofisticação técnica e por uma especialização às vezes extrema — faz com que o público das obras de História seja constituído quase exclusivamente pelos próprios historiadores, professores e estudantes de História. Por outro lado, o fato de pertencer a instituições teoricamente de utilidade pública, onde as negociações políticas e pessoais para conseguir verbas ficam reduzidas a uns poucos chefes, permite que o historiador tenha a ilusão de ser um cientista puro e objetivo, distante do poder e das forças sociais.

Que dizer da análise de Florescano? Alguns dos aspectos de que fala são mais especificamente mexicanos — um grau muito mais elevado de institucionalização da profissão de historiador do que em outros países latino-americanos, relações de poder extremamente concentradas e verticais nas instituições universitárias e acadêmicas —, mas, sem dúvida, outros são mais gerais. No entanto, certas posições que assume em seu artigo nos deixam perplexos. O autor parece não enxergar absolutamente a problemática da cientificidade da História e a questão dos critérios de tal cientificidade. Será possível ou desejável anular a evolução no sentido da especialização e da profissionalização dos historiadores? É provável que a Física, na época de Newton, fosse muito mais compreensível do que é hoje para o público culto em geral: mas a sofisticação metodológica e teórica que a tornaram inacessível, salvo a um punhado de especialistas, ao mesmo tempo a fizeram mais e não menos capaz de influir socialmente. A maneira de discutir a questão, no caso da História, torna claro que, no fundo, é vista por muitos de um ângulo estreitamente pragmático, a partir de condições éticas e ideológicas que a desejam como uma técnica a serviço desta ou daquela corrente políticosocial e, implicitamente, manifestam total ceticismo quanto a suas possibilidades científicas — posição que me parece ingênua, romântica e nefasta.[35] Qualquer discussão da profissionalização e da institucionalização da História deveria levar em conta que a qualidade das melhores obras históricas, com elas, melhorou muito, tornando-as potencialmente mais aptas para dar subsídios à explicação do presente e à preparação do futuro, bem como à questão mais geral de saber como funcionam e mudam as sociedades humanas. O que não invalida, obviamente, a preocupação legítima com a ampliação dos canais que permitem que tal influência se exerça, e com as indagações acerca dos vínculos políticos da atividade profissional dos historiadores. Eugene Genovese, que teve alguns embates com os excessos do *black power* norte-americano na área universitária e de pesquisa — mesmo achando no conjunto o impacto do movimento na vida intelectual saudável, construtivo e longamente esperado —, escreveu:[36]

"Eu gostaria de sugerir respeitosamente que, em-

---

(35) E que é muito freqüente entre autores de uma certa esquerda: Chesneaux, Jean. *Du passé faisons table rase?*, Paris, François Maspero, 1976; Fontana, Josep, *Historia*, Barcelona, Crítica, 1982, pp. 261-263.
(36) Genovese, Eugene D., *In red and black: Marxian explorations in Southern and Afro-American history*, Nova Iorque, Pantheon Books, 1971, p. 201; ver também página 253.

bora os oprimidos possam precisar da História para identidade e inspiração, precisam acima de tudo da verdade acerca do que o mundo fez deles e do que ajudaram a fazer do mundo. Só este conhecimento pode produzir aquele sentido de identidade que deve constituir inspiração suficiente; aqueles que pretendem que a História forneça momentos gloriosos e heróis são levados invariavelmente a cometer erros catastróficos de avaliação política. Especificamente, os revolucionários não precisam de Nat Turner como um santo; eles precisam da verdade histórica sobre a revolta de Nat Turner — sua força e sua fraqueza".

Falemos agora de um fator que, pelo contrário, pode ser muito favorável à construção de sínteses mais sólidas. Por muitos anos, os estudos de pós-graduação em História na América Latina foram ou inexistentes, ou concentrados em pouquíssimos centros, conforme os países. Os últimos vinte ou quinze anos viram a sua multiplicação. Uma das conseqüências de tal fato foi uma nova ênfase na História regional ou local. Em países muitas vezes marcados por fortes especificidades em suas diferentes regiões — como o nosso —, isto constituiu uma correção útil ao hábito comum de generalizar a experiência de certas regiões como história nacional — coisa comum no que nos interessa, ou seja, na História da escravidão. Ao mesmo tempo, tal transformação esteve freqüentemente vinculada ao uso de fontes antes pouco usadas: livros paroquiais, assentamentos dos cartórios, listas de dízimos, etc. De novo, o mesmo vem acontecendo com as análises da escravidão. Coisa muito útil: "Os movimentos nacionais são agregados derivados de... movimentos individuais, mas por serem médias de experiências locais, eles podem tender a ocultar a natureza do mecanismo de mudança".[37] Os historiadores, incluindo os do escravismo (ou alguns deles), se tornaram, então, interessados em verificar estruturas e processos que se dizia serem gerais, em relação ao comportamento das variáveis numa localidade ou região: a multiplicação de estudos regionais adequados pode levar de volta à generalização, mas esta se fará, então, sobre bases muito mais sólidas. De fato, o método correto consiste em oscilar entre os dois níveis permanentemente: a região não é explicável fora da totalidade de que faz parte e que lhe dá sentido, e as generalizações não verificadas localmente costumam ser muito menos gerais do que se acredita.

Por fim, salientemos que os estudos acerca da escravidão nas Américas só terão a ganhar se permanecerem fiéis a um dos seus pontos fortes nestas últimas décadas, que constitui um poderoso instrumento de controle das generalizações sintéticas e explicativas: o chamado método comparativo.[38]

O futuro dirá se nos encaminhamos ou não a novos debates que conduzam a novas visões sintéticas — sem dúvida muito urgentes — do mundo colonial em geral, do escravismo colonial em particular. O que está fora de qualquer dúvida é que as sínteses propostas até a década passada se acham irremediavelmente defasadas, impondo-se sua revisão. Enfrentaremos esta tarefa, no tocante ao nosso próprio sistema explicativo, no início do próximo capítulo.

(37) Glass, D. V. e Eversley, D. E. C. (eds.), *Population in history*, Londres, Edward Arnold, 1965, p. 24. Ver igualmente Cardoso, Ciro F. S., *Agricultura, escravidão e capitalismo*, 2ª ed., Petrópolis, Vozes, 1982 cap. 1.
(38) A melhor coletânea continua sendo: Foner, Laura e Genovese, Eugene (eds.), *Slavery in the New World. A reader in comparative history*, Englewood Cliffs, Prentice-Hall, 1969.

A "brecha camponesa" no sistema escravista

O sistema escravista

Os três artigos com que iniciamos, em 1973, nossa participação no debate internacional acerca dos modos de produção na América Latina colonial surgiram, de fato, como subprodutos da redação, na França, entre 1967 e 1971, de uma tese de doutoramento cujo objeto principal era uma colônia escravista: a Guiana Francesa no período 1715-1817. Dois desses artigos não passam de capítulos daquela tese. O terceiro é um trabalho de intenção polêmica.[1] Ao lado de propostas concretas a respeito de uma possível explicação das realidades coloniais (so-

---

(1) Cardoso, Ciro F. S. "Severo Martínez Peláez y el carácter del régimen colonial", "Sobre los modos de producción coloniales de América" e "El modo de producción esclavista colonial en América", os três artigos em: Garavaglia, Juan Carlos (org.), *Modos de producción en América Latina, Cuadernos de Pasado y Present* (Córdoba, Argentina), n.º 40, maio 1973, respectivamente pp. 83-109, 135-159 e 193-242. Os dois últimos artigos foram publicados em português, mas com muitos erros, *in* Santiago, Théo (org.), *América colonial*, Rio de Janeiro, Pallas, 1975, pp. 61-143. Note-se também que o primeiro artigo fora publicado anteriormente, em 1972, em *Estudios Sociales Centroamericanos*, sem conhecer, então, a difusão que teve ao aparecer nos *Cuadernos de Pasado y Presente*.

bretudo nas regiões em que a escravidão negra fora a principal relação de produção e o eixo das estruturas sociais) — propostas, aliás, insuficientemente desenvolvidas —, na verdade todos aqueles textos nossos eram polêmicos. Combatiam especificamente duas posições que acreditávamos (e continuamos acreditando) inaceitáveis: 1) a extensão ao período colonial das Américas, sem prévia análise histórica séria apoiada em fontes primárias, que permitisse uma comprovação, dos resultados a que o marxismo chegara a respeito de uma outra área do mundo (a mediterrâneo-européia): resultados, por sinal, empobrecidos, distorcidos por um enfoque dogmático e simplificador, típico da fase stalinista, mas naquela época ainda não superada cabalmente; 2) a perspectiva baseada na idéia de uma espécie de capitalismo perene, do século XVI em diante instalado no continente americano, cujo fundamento teórico era uma definição de capitalismo que nos parece absurda por partir da esfera da circulação e de apreciações sobre a busca do lucro aliadas a uma certa concepção da racionalidade capitalista — e não da esfera da produção. A primeira posição criticada era-nos conhecida, em primeiro lugar, através da obra de Nelson Werneck Sodré e da *História nova do Brasil*. A segunda, pela obra de Caio Prado Júnior e, mais recentemente, pelas posturas de A. Gunder Frank.[2]

Não se tratava, é claro, de que tais autores não usassem fontes primárias — embora, sem dúvida, o fizessem em forma insuficiente; mas sim de que os

---

(2) Sodré, Nelson Werneck, *Formação histórica do Brasil*, 9ª ed., Rio de Janeiro, Civilização Brasileira, 1976; Prado Júnior, Caio, *Formação do Brasil contemporâneo. Colônia*, 7ª ed., São Paulo, Brasiliense, 1963; Santos, Joel Rufino dos et alii, *História nova do Brasil*, vol. 1, São Paulo, Brasiliense, 1965.

documentos não fossem empregados com o fito de comprovar os pontos de partida (verdadeiros postulados, não hipóteses heurísticas a comprovar) relativos, seja ao caráter escravista (no sentido de uma reedição histórica do modo de produção escravista antigo) ou feudal (em colônias como a Guatemala, estudada no magnífico livro de Severo Martínez Peláez[3]) das sociedades coloniais, seja, pelo contrário, a um caráter capitalista das mesmas sociedades (ou do conjunto metrópole/colônia ou centro/periferia), definido em termos mercantis, em lugar de se tomar o capitalismo como modo de produção específico que é.

O desenvolvimento do debate, pondo-nos em contato com maior número de textos e autores,[4] a partir de 1974 e até aproximadamente 1979 (quando nos afastamos de uma polêmica teórica, aliás já muito arrefecida), permitiu-nos perceber que o adversário principal, na década passada, já não era o marxismo dogmático. Tratava-se, isto sim, da concepção de capitalismo que, fazendo das estruturas internas da América Latina e do Caribe, em especial, simples projeções ou corolários do impacto de elementos ou influxos cuja racionalidade básica se situaria fora daquelas regiões, levava à afirmação clara ou implícita de que suas sociedades não eram formações econômico-sociais diferenciadas e autônomas. Daí que, em nossas últimas intervenções no debate, nos concentrássemos de preferência na crítica a tal concepção.[5] Isto porque ela nos parecia ter

(3)Martínez Peláez, Severo, *La patria del criollo. Ensayo de interpretación de la realidad colonial guatemalteca*, Guatemala, Editorial Universitaria, 1971.
(4) Por exemplo, Angel Palerm, I. Wallerstein, J. C. Chiaramonte, A. Cueva, F. Novais.
(5) Cardoso, Ciro F. S., "Los modos de producción coloniales: estado de la cuestión y perspectiva teórica", *Estudios Sociales Centroamericanos*, San

certas conseqüências nefastas — em especial a não-consideração das estruturas e contradições internas inerentes às sociedades coloniais. Era patente, por exemplo, a ausência de análises que levassem em conta fatores como as forças produtivas e as lutas de classes. De certo modo, como já percebíamos em 1974, nossa postura naquele debate era paralela à assumida pela chamada teoria da dependência desde 1967 (e da qual tomáramos conhecimento em 1968[6]).

Quanto às propostas substantivas que avançáramos — em especial no artigo "El modo de producción esclavista colonial" — no relativo às sociedades escravistas das Américas, analisando-as hoje, com o recuo de mais de uma década, percebemos como problemas e insuficiências principais os seguintes:

1) a aceitação acrítica de afirmações de Marx, muito mal fundamentadas a respeito do sistema escravista (sobre as forças produtivas técnicas, a questão dos *faux frais* ligados à vigilância e à repressão, etc.);

2) a adesão quase sem reservas a posições que, partindo da crítica necessária a autores como G. Freyre, S. Elkins ou H. Klein, continham, entretanto, elementos inaceitáveis, como a visão do escravo como uma espécie de vítima inerme do sis-

---

José, Costa Rica, 4, 10, 1975, pp. 87-105; Cardoso, Ciro F. S., "As concepções acerca do 'sistema econômico mundial' e do 'antigo sistema colonial'; a preocupação obsessiva com a 'extração de excedente'", in Lapa, José Roberto do Amaral (org.), *Modos de produção e realidade brasileira*, Petrópolis, Vozes, 1980, pp. 109-132 (este último artigo foi redigido em 1979).

(6) *Cf.*, Cardoso, Fernando Henrique e Faletto, Enzo, *Dependencia y subdesarrollo en América Latina*, México, SigloXXI, 1969 (o livro circulou previamente em edição mimeografada de 1967, à qual tive acesso em 1968). Já antes, porém, redigira um texto que só foi publicado em 1971: Cardoso, Ciro F. S., "Observations sur le dossier preparatoire à la discussion sur le mode de production feodal", in Parain, Charles *et alii*, *Sur le féodalisme*, Paris, Éditions Sociales, 1971, pp. 67-69 (o *dossier préparatoire* em questão foi discutido no Centre *d'Études et de Recherches Marxistes* em 27.4.1968).

ESCRAVO OU CAMPONÊS? 35

tema e a ausência de uma verdadeira análise de classes (substituída por noções inadequadas de sociedade de castas ou estamental); embora estas interpretações, como tais, não tenham sido por nós encampadas, o fato de não as criticar e o de não desenvolver suficientemente o tema empobrecem o exame das sociedades escravistas e suas lutas; no relativo ao tema deste livro, explicam que afirmássemos — erroneamente — não terem os escravos condições para perceber em forma plena a realidade da brecha camponesa e para agir de acordo com tal percepção;

3) a falta de um estudo orgânico das forças produtivas em todos os seus aspectos, relações e conseqüências: quanto a este ponto, nosso texto apresentava só sob a forma de exemplos alguns dos problemas básicos (como o das variantes técnicas discutidas no início deste capítulo), e esboçava somente outros tão ou mais importantes;

4) Héctor Pérez Brignoli tem, provavelmente, razão ao dizer que nossa perspectiva não conseguiu "integrar o elemento de subordinação às metrópoles de modo sistemático":[7] com efeito, o fato colonial aparecia mais superposto do que integrado ao resto da análise;

5) por fim, mencionemos algo bem específico, mas importante: seguindo uma interpretação corrente na época, afirmamos que, nas condições do escravismo, o escravo "faz parte do capital fixo, dos meios de produção"; em outra ocasião já havíamos reconhecido a justeza da crítica de J. Gorender no tocante a este ponto.[8]

(7) Pérez Brignoli, Héctor, "Colonial development and agricultural history in Latin America", in Chandra, B. (ed.), *Typology of colonial economic development*, Budapeste, Akadémiai Kiadó, 1982, pp. 19-27. [a]
(8) Gorender, Jacob, *O escravismo colonial*, São Paulo, Ática, 1978, pp. 186-189; Cardoso, Ciro F. S. e Pérez Brignoli, Héctor, *Historia económica de América Latina*, vol. 1, Barcelona, Crítica, 1979, pp. 203-204.

Aspectos positivos parecem-nos ter sido, entre outros, nossa forte insistência em priorizar a análise dos fatores e contradições internos das sociedades coloniais escravistas; a crítica das concepções dogmáticas e circulacionistas; a afirmação da impossibilidade de estender, sem prévia análise, ao continente americano resultados obtidos alhures; e a ênfase na grande importância da economia própria dos escravos — tema deste livro.

Em trabalhos posteriores, embora não propriamente no contexto de discussões teóricas como antes, tratamos de reformular diversas questões, inadequada ou insuficientemente colocadas nos artigos de 1973 e 1975, tendo em vista novas descobertas e a evolução de nossos próprios estudos. Foi assim que, em diferentes momentos, retomamos o tema da tecnologia de produção sob o escravismo,[9] o da crítica das concepções de castas ou estamentais,[10] sistematizamos a análise da incidência de fatores de variados tipos na configuração das modalidades do trabalho colonial,[11] voltamos à questão da demografia dos escravos em função do processo de reprodução do sistema escravista,[12] ou mesmo apresentamos sumariamente algumas considerações de conjunto acerca de tal sistema.[13] Faltou, porém, retomar em forma completa, corrigindo-a, a tentativa anterior de construção de um modelo global. Embora não o pretendamos fazer agora, o que nos levaria muito

---

(9) Cardoso, Ciro F. S., *Agricultura, escravidão e capitalismo*, Petrópolis, Vozes, 1979, cap. 3.
(10) Cardoso, Ciro F. S. e Pérez Brignoli, Héctor, *El concepto de clases sociales*, Madri, Ayuso, 1977, pp. 107-126.
(11) Cardoso, Ciro, F. S., *O trabalho na América Latina colonial*, São Paulo, Ática, 1985, pp. 24-38.
(12) Cardoso, Ciro F. S., "Escravismo e dinâmica da população escrava nas Américas", *Estudos Econômicos*, São Paulo, 13, 1983, pp. 41-53.
(13) Cardoso, Ciro F. S., *A Afro-América: a escravidão no Novo Mundo*, São Paulo, Brasiliense, 1982, pp. 31-47.

longe do tema central do livro, queremos pelo menos
indicar as direções gerais que tomaria atualmente
tal construção, caso decidíssemos empreendê-la.
É possível fazê-lo sucintamente, o que permitirá,
outrossim, contextuar melhor nosso assunto central.
Abordaremos tal tarefa partindo de nossos artigos de 1973 e 1975.

Principais opções teóricas e metodológicas

Reunindo elementos presentes nos diversos textos mencionados, julgamos serem três as posições teórico-metodológicas de base.

1) Em primeiro lugar, uma noção infra-estrutural do conceito de modo de produção (que, portanto, não inclui as superestruturas), insistindo, por outro lado, em que não o reduzamos só às relações de produção (e menos ainda às de exploração), mas que seja visto a partir da correspondência ou articulação historicamente dada entre forças produtivas (nível, formas de organização) e relações de produção. A expressão "historicamente dada" é importante: não nos parece possível conceber um modo de produção como uma espécie de modelo desencarnado, separado das condições históricas específicas de seu aparecimento e desenvolvimento. O *locus* clássico, na obra de Marx, onde a definição do conceito aparece talvez mais claramente, é a passagem seguinte de *O capital*:[14]

"A análise científica do modo de produção capitalista demonstra que este modo é de natureza par-

---

(14) Marx, Karl, *El Capital*, tomo 3, trad. Wenceslao Roces, México, Fondo de Cultura Económica, 1968, p. 744.

ticular e responde a condições históricas específicas; da mesma maneira que qualquer outro modo de produção, pressupõe como condição histórica uma determinada fase das forças produtivas sociais e das suas formas de desenvolvimento: condição que, por sua vez, é resultado e produto histórico de um processo anterior do qual parte o novo modo de produção como de sua base dada; que as relações de produção que correspondem a este modo de produção específico, historicamente determinado — relações que os homens contraem no seu processo social de vida, na criação da sua vida social —, apresentam um caráter específico, histórico e transitório; e, finalmente, que as relações de distribuição são essencialmente idênticas a estas relações de produção, o reverso delas, pois ambas representam o mesmo caráter histórico transitório".

O que diz o final desta passagem é válido igualmente para a circulação de mercadorias: "Uma produção determinada, portanto, determina um consumo, uma distribuição, um intercâmbio determinados e relações recíprocas determinadas destes diferentes momentos".[15] Isto se contrapõe a qualquer possibilidade de interpretação "circulacionista".

Sublinhávamos, outrossim, o fato de que, na obra de Marx, há mais de um nível de emprego do termo "modo de produção". Isto no sentido de mostrar, em especial, a diferença entre os modos de produção que aparecem como "épocas de progresso da formação econômica da sociedade" na análise feita por Marx com base principalmente na história européia, e secundariamente asiática (com algumas referências, também, à América pré-colombiana) —

(15) Marx, Karl, *Elementos fundamentales para la crítica de la economía política (Borrador) 1857-1858*, vol. 1, trad. J. Aricó *et alii*, México, Siglo XXI, 1971, p. 20.

modo de produção asiático, feudalismo, capitalismo, etc. —, e modos de produção secundários, que não foram dominantes e coexistiram com modos de produção do primeiro tipo. Marx fala, por exemplo, dos modos de produção "pequeno camponês" e "pequeno burguês", referindo-se ao que, em conjunto, se conhece mais correntemente como a pequena produção mercantil. Nossas considerações a respeito visavam a, em outro momento, apoiar a possibilidade de usar o conceito num registro ainda distinto: aplicando-o a sociedades caracterizadas por modos de produção não somente secundários, quando vistos no conjunto do mundo ocidental em formação, mas ainda marcados pela dependência, os quais, entretanto, puderam ser dominantes nas formações econômico-sociais coloniais.

Se o conceito de modo de produção é eminentemente infra-estrutural, a análise do conjunto base/superestrutura pertence à esfera de outra noção, a de formação econômica da sociedade ou, mais usualmente, formação econômico-social. Esta noção era por nós manejada numa perspectiva derivada sobretudo de E. Sereni e de M. Godelier. O primeiro, partindo da idéia central de que as construções teóricas só são válidas quando têm fundamento na prática, mostra a necessidade de serem analisadas as sociedades particulares, concretas, historicamente dadas: o conceito de formação econômico-social, incorporando os elementos infra e superestruturais num todo dinâmico unificado pela posição central da determinante econômica (a realização de cujo significado exige, porém, que seja completada e se realize plenamente por sua relação constante com elementos extra-econômicos), convém a tais análises. Godelier, por sua vez, entende uma formação econômico-social como noção que serve para a análise de realidades históricas concretas, singulares, num dado período. Sua definição consistiria na síntese da natureza da diversidade e da unidade das relações econômicas e sociais características da sociedade, em estudo no período considerado. O que implicaria, na prática, em: 1) identificar o número e a natureza dos diversos modos de produção combinados na base econômica da sociedade de que se trata, no período em questão; 2) identificar os elementos superestruturais que correspondem a tais modos de produção; 3) definir a forma e o conteúdo da articulação, da hierarquia dos modos de produção — um dos quais é dominante; 4) definir as funções específicas dos elementos superestruturais que, seja qual for a sua origem, são necessariamente redefinidos pela lógica da hierarquização mencionada no ponto anterior.[16]

Continuamos subscrevendo a tais princípios. Já dissemos que o defeito principal de sua aplicação a nossos trabalhos de 1973 e 1975 consistiu em que a importância primordial das forças produtivas foi mais afirmada do que de fato demonstrada e desenvolvida na própria análise.

2) A segunda posição teórica fundamental partia da idéia de que a adoção de uma teoria e metodologia — as do marxismo, no caso — não implica absolutamente a aceitação de que os resultados obtidos a partir delas, num ambiente histórico definido, sejam *ipso facto* válidos para todas as sociedades do mundo.

Daí se partia para a afirmação de Marx de que "a história universal não existiu sempre; a história

(16) Sereni, Emilio, *La categoría 'formación económica y social*, in Sereni, E. *et alii*, *La categoría de 'formación económica y social*, México, Roca, 1973; Godelier, Maurice, *Horizon, trajets marcistes en anthropologie*, Paris, François Maspero, 1973, pp. 83-84.

ESCRAVO OU CAMPONÊS? 41

como história universal é um resultado".[17] Isto porque o capitalismo foi historicamente o primeiro modo de produção que se caracterizou por um efeito dissolvente sobre os outros modos de produção com que entrou em contato e, por isto, se tornou universal. Antes de sua instalação como modo de produção dominante no mundo, existiam somente formas locais e heterogêneas entre si — ou seja, específicas. Ora, em nossa opinião, não havendo objeto real algum que corresponda à categoria capitalismo comercial, o período em que se deu a colonização nas Américas — basicamente os séculos XVI a XVIII — é um período pré-capitalista em quase toda a sua extensão: tanto no concernente às estruturas internas da Europa Ocidental e às de suas colônias americanas, quanto no que tange ao mercado mundial então em constituição. O capitalismo — ou seja, o modo de produção capitalista, único capitalismo que reconhecemos como categoria válida — estava então em processo de formação e ascensão não linear, e não desenvolveu suas forças produtivas específicas em grau apreciável antes de fins do século XVIII. Achamos que, hoje, um texto ainda não redigido na época em que escrevemos nossos artigos — o de R. Brenner — é o que há de melhor na defesa de idéias como estas.[18]

Se assim pensávamos, que conseqüências teria tal opção teórica para a questão concreta dos efeitos do processo de colonização européia nas Américas durante os Tempos Modernos?[19]

(17) Marx, *Elementos fundamentales...*, op. cit., p. 31.
(18) Brenner, Robert, "The origins of capitalist development: a critique of neo-smithian marxism", *New Left Review*, jul.-ago. 1977, sobretudo pp. 67-68.
(19) E unicamente daquela colonização se tratava: assim, uma comparação do que Marx pudesse dizer sobre a Índia no século XIX, em função da conquista inglesa num período já plenamente capitalista, com os efeitos da expansão colonial dos séculos XVI a XVIII, em nossa opinião seria absurda.

Falando das conquistas, dizia Marx:[20]

"Todas as conquistas supõem três possibilidades. O povo conquistador submete o povo conquistado ao seu próprio modo de produção (por exemplo, os ingleses na Irlanda no século XIX e, em parte, na Índia); ou então deixa subsistir o antigo modo e se contenta com um tributo (por exemplo, os turcos e os romanos); ou ainda, se estabelece uma ação recíproca que produz algo novo, uma síntese (isto ocorreu em parte nas conquistas germânicas)".

Nossa opinião, então, consistia em que, nas estruturas coloniais da América Latina, do Caribe e do Sul dos atuais Estados Unidos realizara-se de preferência a última das possibilidades que expõe o texto de Marx. Defendíamos, em outras palavras, a especificidade dos modos de produção coloniais. Ao partir para sua análise, insistíamos no fato de que, neles, a dependência daquelas formações econômico-sociais coloniais em relação às suas metrópoles era um dado inseparável do conceito e das estruturas dos modos de produção que poderiam explicar tais formações.

Implícitas nesta atitude estavam outras opções importantes: 1) a não aceitação da idéia da impossibilidade de uma economia política para o pré-capitalismo em geral, em relação ao qual alguns autores, por não verem naquela fase as categorias econômicas articuladas na realidade social como sistema autônomo, auto-regulado, acham que a aplicação de conceitos como o de modo de produção é absurda;[21] 2) pelo contrário, a escolha do ponto de vista

(20) Marx, K. *Contribución a la crítica de la economía política*. Fondo de Cultura Económica, 1970, p. 254.
(21) *Cf.* por exemplo: Olmedo, Raúl, "El estatuto teórico de los modos de producción no capitalistas", *Historia y Sociedad*, Mexico. n? 5, primavera

de Kula: desde que existam regularidades estruturais reiteráveis na medida em que ocorra a reprodução de certas condições definidas, é perfeitamente possível "construir a teoria de uma dada categoria de fenômenos sociais".[22]

Víamos, portanto, as sociedades coloniais como formações econômico-sociais passíveis de teorização, cuja racionalidade não pode ser reduzida às suas relações com as metrópoles e só pode ser descoberta associando a análise de sua dependência — o fato colonial — à de suas estruturas internas específicas.

Embora não o discutíssemos em detalhe na época, além de algumas críticas ao empirismo *à outrance*, nossa opinião se contrapunha também à daqueles que só enxergavam na época colonial mesclas variadas de elementos díspares[23] —, em que, pelo contrário, percebíamos totalidades coerentes e específicas a estudar.

Considerando, hoje, a maneira em que estes dois pontos teóricos até agora expostos se apresentaram concretamente em nossos textos, vislumbramos dois problemas básicos. Um deles, já assinalado, é a não integração efetiva do fato colonial à análise concreta das estruturas internas das colônias (há mais superposição do que visão sintética). O outro fica claro ao relermos de que modo intro-

---

de 1975, pp. 59-64; Castro, Antônio Barros de, "A economia política, o capitalismo e a escravidão", *in* Lapa, J. R. do Amaral (org.), *op. cit.*, pp. 74-77.
(22) Kula, Witold, *Théorie économique du système féodal*, trad. do polonês, Paris/Haia, Mouton, 1970, p. 136.
(23) *Cf.* por exemplo: Sindico, Domenico, "Consideraciones sobre terminologia e historiografia reciente a propósito de los conceptos de modo de producción y formación económica", *in* Benenati, Eléna Hernández Casas de, *L'intégration des formations sociales latino-américaines au processus capitaliste*, fascículo 13, Nanterre, Université de Paris X, 1976, em especial pp. 19-21.

duzimos naquela ocasião o estudo do escravismo colonial:[24]

"Para explicar o funcionamento do modo de produção escravista colonial é preciso considerar os dois fatores centrais seguintes:
a) o caráter colonial (periférico e subordinado) das formações sociais correspondentes, mesmo quando estudadas depois da independência política;
b) a escravidão, vista em seu funcionamento econômico e como fundamento das estruturas sociais.
Estes dois fatores centrais, intimamente ligados, e tudo o que resultava deles, confluíam para manter um baixo nível das forças produtivas".

O que significa que, no fundo, ao tratar-se da base econômica, privilegiávamos as relações de produção sobre as forças produtivas, indo contra nossas próprias afirmações teóricas iniciais: as forças produtivas aparecem na passagem acima como uma decorrência do fato colonial e da escravidão (relação de produção mais importante)! É interessante notar que as numerosas e variadas críticas de que foram objeto os nossos textos sobre os modos de produção coloniais nunca perceberam esta debilidade central.

3) Foi principalmente no artigo "Sobre los modos de producción coloniales de América" (1973) que indicamos critérios que poderiam orientar a pesquisa tendente ao estabelecimento de quais fossem os modos de produção que davam sentido às formações econômico-sociais das colônias resultan-

---

(24) Cardoso, Ciro F. S., "El modo de producción esclavista colonial en America", cit., p. 212.

tes da expansão européia nas Américas durante os Tempos Modernos. Dizíamos:[25]

"Creio que uma pesquisa adequada à finalidade pretendida deverá ocupar-se dos seguintes pontos, estreitamente vinculados e interdependentes:
— estudo dos elementos formadores da América colonial, ou seja, das estruturas européias, indígenas e africanas; devem ser consideradas em toda a sua complexidade... e sem esquecer sua evolução durante o período que nos ocupa;
— estudo dos fatores que condicionaram o processo genético e a evolução de todas ou quase todas as sociedades coloniais americanas: o fato colonial, a conquista, o tráfico de escravos;
— estudo dos fatores variáveis segundo as regiões: dados da geografia, tipos de atividade econômica, técnicas de produção, tipos de colonização, formas e épocas dos contatos, etc.

Depois de completada tal pesquisa, deverá ser possível proceder à síntese, à elaboração de uma tipologia das sociedades coloniais americanas, da teoria dos modos de produção coloniais da América. A multiplicação de estudos comparativos seria uma maneira eficaz de conduzir a pesquisa num sentido útil, do ponto de vista de conseguir estabelecer essa teoria, que ainda está longe de existir. É evidente, outrossim, que, apesar das lacunas importantes de informação, devem ser colocados a cada passo os problemas teóricos e, ainda, devem ser propostas sínteses parciais ou provisórias, já que isto é essencial para orientar a pesquisa em forma frutífera".

Estas idéias continuam parecendo-nos válidas. Um detalhe, entretanto, mostra que alguma razão

(25) Cardoso, Ciro, F. S. "Sobre los modos de producción coloniales de America", cit., pp. 143-144.

teve Feinstein, ao opinar que privilegiávamos muito mais, em nosso raciocínio, as sociedades escravistas americanas (que, na época, eram as que conhecíamos melhor) do que as sociedades típicas da América Latina espanhola, na sua maior parte:[26] referimo-nos ao fato de que colocássemos o tráfico de escravos entre os fatores gerais, no mesmo plano do fato colonial e da conquista.

A formação histórica do escravismo colonial nas Américas

Ao tratar deste ângulo do tema no artigo "El modo de producción esclavista colonial en América", nosso enfoque consistiu, antes de mais nada, em: 1) mostrar que houve antecedentes medievais, no Mediterrâneo e nas ilhas africanas do Atlântico, de um sistema escravista já claramente colonial;[27] 2) afirmar, no entanto, que no Novo Mundo tal sistema, por suas próprias dimensões, pelo fluxo incomparavelmente maior do tráfico africano que provocou, constituiu-se historicamente em algo novo.

Um dos aspectos deste caráter inédito esteve constituído pelas dimensões nunca vistas da obra colonizadora montada nas Américas, no sentido de adequar o mundo colonial às exigências do capital comercial. Embora não nos pareça que, por tal razão, constituísse, como pretendem alguns, uma es-

---

(26) Feinstein, Osvaldo Néstor, "Modos de producción, formaciones sociales e historia latinoamericana", *Estudios Sociales Centroamericanos*, 6, 16, 1977, pp. 205-208: este curto artigo foi a crítica mais inteligente feita a nossos trabalhos acerca dos modos de produção coloniais.

(27) Ver, principalmente, Verlinden, Charles, *Les origines de la civilisation atlantique*, Paris, Albin Michel, 1966, cap. 9.

pécie de combinação ou justaposição oportunista de traços díspares — o que pressupõe escolhas que, no fundo, estavam limitadas estritamente por dados estruturais que serão mencionados depois —, é verdade, sem dúvida, que não estamos diante de um tipo de sociedade resultante de um longo processo natural de evolução social: aqui, a empresa exportadora[28] preexistiu à sociedade colonial organizada e influiu decisivamente nos rumos desta.

Quanto às condições iniciais da escravidão de africanos em certas regiões do Novo Mundo, nós as expúnhamos, baseando-nos sobretudo em Octavio Ianni,[29] através de dois fatores negativos e dois positivos. Os primeiros consistiam na impossibilidade, em tais regiões, de um regime apoiado na exploração de índios que se auto-reproduzissem em comunidades aldeãs (isto por fatores ligados à densidade do povoamento pré-colombiano; ou às vezes à destruição cabal, durante e após a conquista, de uma densa população indígena, como ocorreu nas Antilhas e na costa peruana), e na impossibilidade estrutural da instalação de um regime de trabalho baseado no salário ou no arrendamento. Os fatores positivos consistiam na presença, nas áreas de que estamos tratando, de condições naturais favoráveis à produção em alta escala de artigos tropicais, ou à extração de metais preciosos (como em Minas Gerais), e na existência de reservas de escravos potenciais representadas por populações de nível tecnológico inferior ao europeu (inclusive quanto às formas de fazer a guerra) — os indígenas americanos, os afri-

16.
(28) "Empresa" utiliza-se aqui tal como definida por Kula, *op. cit.*, p.
(29) Ianni, Octavio, *As metamorfoses do escravo. Apogeu e crise da escravatura no Brasil meridional*, São Paulo, DIFEL, 1962, pp. 80-84.

canos. Secundariamente, com base em Alice P. Canabrava e em David B. Davis,[30] concedíamos um certo papel à difusão para explicar a extensão, nas Américas, do sistema escravista colonial. Não vemos, hoje, estas questões em forma radicalmente diferente. É possível, porém, que preferíssemos abordar este assunto na visão orgânica exemplificada pela análise de I. Hahn, retomada por M. Finley, para o mundo clássico antigo (ver o capítulo anterior). Isto porque tal maneira de enfocar o tema permite, ao mesmo tempo, expor o erro teórico (o qual não nos coubera discutir em 1973) que consiste em imputar à oferta de escravos (interesses ligados ao tráfico de africanos como setor de acumulação mercantil), e não à procura, a instalação do escravismo.

Possivelmente, também, utilizássemos agora a longa tradição antropológica e historiográfica iniciada, neste século, por H. J. Nieboer,[31] com seu raciocínio fundamentado nas situações de recursos abertos e de recursos fechados (ou ainda de "recursos escassos", diria H. Hoetink), como já fizemos em alguns trabalhos: com certas insuficiências que precisamos perceber, trata-se de uma forma útil de abordar a questão das origens do trabalho compulsório em geral e da escravidão em particular.

Por último, em livro recente[32] pusemos à prova, com resultados positivos, uma hipótese de Charles

---

(30) Canabrava, Alicer, Piffer, *O açúcar nas Antilhas(1697-1755)*. São Paulo, Instituto de Pesquisas Econômicas, 1881, cap.1; Davis, David Brion, *El Problema de la esclavitud en la cultura occidental*, Buenos Aires, Paidós, 1968, cap. 8.
(31) Ver, em especial, Kloosterboer, W., *Involuntary labour since the abolition of slavery*, Leiden, E. J. Brill, 1960; Hoetink, H., *Slavery and race relations in the Americas*, Nova Iorque, Harper & Row, 1973.
(32) Cardoso, Ciro F. S., *Economia e sociedade em áreas coloniais periféricas: Guiana Francesa e Pará(1750-1817)*, Rio de Janeiro, Graal, 1984, p. 198.

Verlinden no sentido de explicar por que, em regiões sucessivas do continente americano, a escravidão dos índios, que pôde ser intensa e durar muito tempo, terminou por ser abandonada (na Amazônia Portuguesa, por exemplo, só em 1757, mas muito antes em outras regiões). Mostra Verlinden que a colonização efetiva supõe o estabelecimento de uma paz colonial que torna impossível a escravização aberta da população local, já que esta tem forçosamente de participar da empresa colonizadora (a não ser, obviamente, que se proceda a eliminá-la fisicamente ou a expulsá-la); é evidente, porém, que outras formas mais sutis de dependência pessoal e trabalho compulsório continuam sendo possíveis. Podia-se colonizar o Pará e para lá trazer escravos da fronteira ocidental amazônica (Rio Negro) ainda não alcançada pela colonização; mas quando a antiga fronteira, por sua vez, foi colonizada, ou começou a sê-lo, isto já não seria factível: "a colonização não exclui a escravidão, desde que ela seja reservada a não-naturais da terra, a escravos importados".[33]

Fatores intervenientes na configuração do escravismo colonial

Examinaremos aqui os fatores que intervêm na configuração do escravismo colonial, o peso específico do sistema colonial mercantilista das forças produtivas, da apropriação dos recursos naturais estratégicos e de fatores ideológicos.

(33) Verlinden, Charles, "Esclavage médiéval en Europe et esclavage colonial en Amérique", *Cahiers de l'Institut des Hautes Études de l'Amérique Latine* (Paris), n? 6, 1964, pp. 29-45.

Essa discussão está, na verdade, ausente do artigo de 1973, o que caracteriza um dos seus defeitos principais, já que resulta em algo que já mencionáramos: a não integração lógica do fato colonial com os elementos do modo de produção (forças produtivas, relações de produção).

Foi em 1985 [34] que tentamos enfrentar parcialmente esta difícil questão, raciocinando a partir de uma historiografia agora bastante abundante para o Caribe e a América Latina. Nossa intenção não era, naquela ocasião, esclarecer unicamente a origem das estruturas escravistas, mas sim, mais em geral, as razões das variadas modalidades do trabalho colonial. Procurando identificar os fatores intervenientes básicos (necessários e/ou suficientes) para a configuração dos sistemas coloniais de trabalho, chegamos aos seguintes:

demografia
distribuição das áreas ecológicas e dos
 recursos naturais
técnicas de produção
} Forças produtivas

o pacto colonial e o grau de integração
 ao mercado mundial
tributação
coação estatal
escassez interna de moeda circulante no
 mundo colonial
ação da Igreja (no caso da América
 Latina)
} Sistema colonial mercantilista

apropriação dos recursos naturais
 estratégicos
estratificação sócio-étnica
} Relações de produção (e ideologia correspondente)

(34) Cardoso, Ciro F. S., *O trabalho na América Latina colonial, op. cit.*

ESCRAVO OU CAMPONÊS? 51

Assim, três dos dez fatores incidentes têm a ver com as forças produtivas, cinco com as características e as conseqüências do sistema colonial mercantilista, dois com as relações de produção e a ideologia a elas ligada. No entanto, o mais importante é que tais elementos de fato não podem, em sua maioria, ser separados uns dos outros, quanto à lógica de sua atuação. Por exemplo, as técnicas de produção (que integram as forças produtivas) e a apropriação dos recursos naturais estratégicos (base das relações de produção), tal como as percebemos nas colônias, são incompreensíveis sem referência à conquista e ao sistema colonial mercantilista e suas conseqüências. Mas, por outro lado, se bem que possamos afirmar que muitos dos elementos e dos resultados do sistema colonial mercantilista apontam logicamente para o recurso necessário a formas de trabalho compulsório, de quais formas específicas se lançou mão em cada caso é algo que só pode ser explicado levando-se em conta aspectos básicos das forças produtivas (povoamento indígena, distribuição espacial dos recursos naturais, etc.).

É evidente que algumas destas articulações já haviam sido percebidas por nós em 1973, mas atualmente teríamos maiores possibilidades de estudá-las de maneira mais completa e orgânica. Acreditamos que, ao fazê-lo, demonstraríamos de que modo fatores aparentemente externos às colônias agiam, na verdade, do interior das estruturas coloniais. Não é este agora o nosso objetivo, porém: já dissemos que não vamos proceder a uma análise completa deste tipo (ver, no entanto, os esclarecimentos já presentes no livro citado na nota 33).

Especificamente no tocante às forças produtivas, em 1973 nosso texto permanecia muito próximo à formulação de Marx, no sentido de vincular a uma conjunção de fatores — mas principalmente ao próprio escravo — o baixo nível delas, sobretudo em seu aspecto técnico. Em trabalhos posteriores, tratamos de corrigir as insuficiências de uma perspectiva como essa, sem cair no extremo oposto.[35] Achamos que a bibliografia mais recente (por exemplo, a que se refere ao Caribe francês: ver o capítulo anterior) apóia a idéia seguinte de Martins, que, no entanto, apenas poucos anos atrás tenderia a ser negada por diversos autores:[36] o escravo não representava um impedimento ao progresso técnico, como antes se afirmava: mas a escravidão, sim, devido às formas específicas de emprego dos recursos disponíveis que acarretava.

O funcionamento econômico do escravismo colonial

No artigo de 1973, sobre o escravismo colonial, três seções (pp. 214-219, mas também 212-213) se referiam mais especificamente a este aspecto:
1) a economia própria dos escravos, ou melhor, de uma parte considerável dos escravos — objeto deste livro;
2) a empresa escravista e sua rentabilidade (nível microeconômico);
3) a questão da racionalidade do sistema escravista no nível macroeconômico.

Com as correções e adendos que fizemos em outros textos posteriores, as idéias básicas então expostas nos parecem corretas. Alguns dos erros, de-

(35) Cardoso, Ciro F. S., *A Afro-América...*, *op. cit.*, pp. 39-41.
(36) Martins, José de Souza, "Del esclavo al asalariado en las haciendas de café, 1880-1914. La génesis del trabajador volante", *in* Sánchez-Albornoz, N. (ed.), *Población y mano de obra en América Latina*, Madri, Alianza Editorial, 1985, p. 243.

pois corrigidos, já foram mencionados: minimização da capacidade que teriam os escravos de perceber com clareza a sua economia própria e de agir de acordo com tal percepção; definição do escravo objetivamente como parte do capital fixo, dos meios de produção (subjetivamente, é claro que os senhores de escravos viam assim as coisas, e isto desde Aristóteles).

No tocante à racionalidade do escravismo, hoje procuraríamos abordá-la esclarecendo ainda mais a distinção entre a racionalidade específica do sistema e a racionalidade ao nível das empresas e dos agentes econômicos.[37]

A sociedade escravista e suas lutas

O estudo das relações sociais e das lutas de classes sob o escravismo colonial, no artigo de 1973, ressentiu-se da ausência de uma discussão teórica necessária, que empreendemos em outras ocasiões:[38] a crítica às concepções que vêem nos estamentos ou castas o cerne das estruturas sociais pré-capitalistas e, pelo contrário, a afirmação da necessidade de se examinar a estratificação sócio-étnica no contexto de uma análise de classes.

Outrossim, se bem que não de todo, nosso enfoque de então, sob a influência da corrente derivada de Florestan Fernandes (e de correntes similares em outros países), caiu, pelo menos em parte, quanto às estruturas sociais, numa visão do escravo

(37) Ver Cardoso, Ciro F. S., *Agricultura, escravidão...*, *op. cit.*, pp. 45- 51; também: Topolski, Jerzy *et alii*, *Historia económica, Nuevos enfoques y nuevos problemas*, Barcelona, Crítica, 1981, pp. 37-59.
(38) Ver a nota n.º 10 deste cap.; também: Cardoso Ciro F. S., *A Afro-América...*, *op. cit.*, pp. 53-58.

mais como objeto do que como sujeito — o que tratamos de corrigir em textos posteriores, inclusive no estudo da brecha camponesa que volta a nos ocupar neste livro. No capítulo anterior, mencionamos, por outro lado, nosso desacordo com o excesso oposto: a tentativa de transformar a rebeldia negra em *deus ex machina* da História.

A "brecha camponesa"

Devemos a Tadeusz Lepkowski a expressão "brecha camponesa" para designar atividades econômicas que, nas colônias escravistas, escapavam ao sistema de *plantation* entendido em sentido estrito. Ele distinguia duas modalidades de tal brecha camponesa: 1) a economia independente de subsistência que os quilombolas organizavam em seus quilombos; 2) os pequenos lotes de terra concedidos em usufruto nas fazendas, aos escravos não-domésticos, criando o que o autor chama de mosaico camponês-escravo, coexistindo este, porém, com "a massa compacta, indubitavelmente dominante, das terras do senhor, nas quais o escravo era trabalhador agrícola ou industrial, fazendo parte de um grande organismo de produção".[39]

Sidney Mintz, estudando as Antilhas, oferece um panorama mais detalhado das atividades camponesas sob o regime escravista, distinguindo: 1) camponeses não-proprietários; 2) camponeses proprietários; 3) atividades camponesas dos quilombolas; 4) o protocampesinato escravo.[40] Este último —

---
(39) Lepkowski, Tadeusz, *Haití*, tomo I, Havana, Casa de las Américas, 1968, pp. 59-60.
(40) Mintz, Sidney W., "The origins of reconstituted peasantries", in Mintz, S., *Caribbean transformations*, Chicago, Aldine, 1974, pp. 146-156.

ESCRAVO OU CAMPONÊS? 55

e o termo protocampesinato se refere às atividades agrícolas realizadas por escravos nas parcelas e no tempo para trabalhá-las, concedidos no interior das fazendas, e à eventual comercialização dos excedentes obtidos[41] — é o único aspecto das atividades camponesas sob o escravismo que nos vai ocupar.

Comecemos com a espinhosa questão da definição da economia camponesa.

A noção de camponês é, talvez, uma das mais escorregadias que existem, por referir-se a realidades muitíssimo variadas no tempo e no espaço. A bibliografia sociológica e antropológica a respeito revela enorme gama de acepções no uso do termo.

Para Barrington Moore, os caracteres distintivos de um campesinato seriam: 1) uma história prévia de subordinação a uma classe dominante de proprietários de terras; 2) características culturais específicas de fácil percepção; 3) um grau considerável de posse *de facto* do solo.[42] Certos autores insistem, de preferência, nos fatores culturais; outros, como Eric Wolf, na estrutura social global, ou seja, na relação entre as partes que constituem a sociedade que contém o campesinato em estudo.[43]

O marxismo clássico analisou a economia camponesa: 1) como um modo de produção secundário (modo de produção pequeno camponês — uma das modalidades da produção mercantil simples) que, historicamente, aparece subordinado a diversos modos de produção dominantes; 2) referindo-se especi-

(41) Mintz, S. W., "The question of Caribbean peasantries: a comment", *Caribbean Studies*, 1961, pp. 31-34.
(42) Moore, Jr., Barrington, *Social origins of dictatorship and democracy*, Boston, Beacon Press, p. 111, nota 1.
(43) Ver a discussão de diferentes posições a respeito em: Stavenhagen, Rodolfo, *Las clases sociales en las sociedades agrarias*, México, Siglo XXI, 1968, cap. 5.

ficamente a formações econômico-sociais européias do século passado, como uma forma de transição cuja tendência seria a absorção pelo capitalismo.[44] Alexander Vasilievitch Chayanov, populista russo, publicou em 1925 uma teoria elaborada a respeito do funcionamento interno da economia camponesa vista como um sistema econômico não-capitalista. A sua negativa de levar em conta o capitalismo que, há dois séculos, engloba a economia camponesa e a subordina, prejudicou sem dúvida a sua análise.[45]

A verdade é que a maioria dos estudos oscila entre duas posições polares: 1) a consideração da economia camponesa, a partir do critério de autonomia estrutural; 2) pelo contrário, a sua definição partindo do critério de dependência ante outros grupos sociais. Obviamente, segundo predomine uma destas posturas, a visão de conjunto da economia camponesa será muito distinta da que se teria a partir da outra.

Em nossa opinião, uma estrutura camponesa se define, do ponto de vista econômico, por quatro características, sobretudo: 1) acesso estável à terra, seja em forma de propriedade, seja mediante algum tipo de usufruto; 2) trabalho predominantemente familiar — o que não exclui, em certos casos e circunstâncias, o recurso a uma força de trabalho adicional, externa ao núcleo familiar; 3) economia fundamentalmente de auto-subsistência, sem excluir por isto a vinculação (eventual ou permanente) ao mercado; 4) certo grau de autonomia na gestão das

(44) *Cf.* Cardoso, Ciro F. S. e Pérez Brignoli, Héctor, *El concepto de clases sociales, op. cit.*
(45) Chayanov, A. V., *The theory of peasant economy*, Homewood (Illinois), Richard D. Irwin, 1966; ver também: Vilar, Pierre, *Iniciación al vocabulario del análisis histórico*, Barcelona, Crítica, 1980, pp. 265-311.

ESCRAVO OU CAMPONÊS? 57

atividades agrícolas, ou seja, nas decisões sobre o que plantar e quando, de que maneira, sobre a disposição dos excedentes eventuais etc. Este último aspecto — o da autonomia estrutural — foi tomado como eixo da análise de três especialistas de um instituto norueguês, os quais definem três dimensões de tal autonomia: 1) segurança no acesso à parcela de terra; 2) grau de relação direta com o mercado vertical (distinguido do mercado horizontal, onde o intercâmbio se dá entre compradores e vendedores de igual situação social); 3) grau de gestão do camponês sobre sua parcela, no tocante à distribuição dos recursos disponíveis.[46]

Passando agora à nossa temática específica: será lícito levar em conta, como o fez Lepkowski, dois aspectos concomitantes do negro cativo, a sua condição dominante de escravo e a sua situação secundária de camponês? Não serão "escravo" e "camponês" conceitos que, por definição, excluem-se mutuamente?

Em nossa opinião, aplicando-se às atividades autônomas dos escravos, em suas parcelas e na venda de seus excedentes eventuais, as três dimensões de autonomia estrutural propostas por Archetti, Fossum e Reinton, descobrimos uma autonomia e uma estabilidade de fato bastante altas quanto aos três pontos. É o que trataremos de demonstrar neste capítulo e no seguinte.

Sidney Mintz, certa vez, afirmou que a existência de atividades agrícolas e comerciais autônomas dos escravos deveria conduzir a um questionamento, senão a uma contestação, das próprias categorias de "escravo" e de "proletário", e da caracterização

(46) Archetti, Eduardo *et alii*, *Agrarian structure and peasant autonomy*, Oslo International Peace Institute, s.d. (mimeo).

de uma mão-de-obra como "livre" ou "não-livre". Indo mais longe ainda, acha mesmo que as "brechas" agrícola e mercantil obrigam a pôr em dúvida a existência, nas colônias das Américas, de um modo de produção escravista.[47] Não somos da mesma opinião. Abundam exemplos históricos de que, em circunstâncias variadas, as mesmas pessoas possam estar imersas em tipos diferentes de relações de produção: é o caso, por exemplo, dos camponeses europeus dos Tempos Modernos, que durante o inverno podiam trabalhar como operários, a domicílio, de manufaturas. Além disto, como dissera Lepkowski, não há dúvida de que as atividades camponesas dos escravos fossem secundárias, em relação ao escravismo dominante. Mais ainda, trataremos de mostrar a sua funcionalidade no sentido de reproduzir o próprio sistema escravista.

Deixaremos para o próximo capítulo a polêmica com a posição que consiste em negar radicalmente a própria existência ou possibilidade de uma brecha camponesa no sistema escravista.

Terminando esta introdução, eis aqui as nossas hipóteses acerca do setor camponês da atividade dos escravos.

1) A atribuição de uma parcela e do tempo para cultivá-la, ao escravo, cumpria uma função bem definida no quadro do escravismo colonial: a de minimizar o custo de manutenção e reprodução da força de trabalho. Quanto a este aspecto, a variação do seu grau de importância no tempo e no espaço dependia da viabilidade da outra alternativa — o fornecimento, a baixo custo, de roupa e alimen-

---

(47) Mintz, S. W., "*Was the plantationslave a proletarian?*", Nova Iorque, 1977 (comunicação mimeogr.); Mintz, S. W. "The so-called world system: local initiative and local response", *Dialectical Anthropology*, 2, 1977 pp. 253-270.

tos aos escravos, pelos senhores —, e da abundância do fator terra.

2) No tocante, principalmente, às colônias bem integradas ao mercado mundial como exportadoras de produtos primários, outras características tendenciais do sistema escravista atuavam, porém, em sentido contrário ao indicado acima: falamos da maximização da exploração dos escravos, sobretudo nas épocas de colheita e elaboração dos produtos, e da concentração maciça dos fatores de produção na agricultura comercial de exportação, em detrimento das atividades de subsistência. Na prática, isto se refletia no avanço dos senhores sobre o tempo, em princípio, concedido aos escravos para suas atividades autônomas.

3) Sob o escravismo, como em qualquer regime econômico-social, se estabelece entre a classe dominante e a classe explorada um acordo legal ou consuetudinário que garante para a classe dominada, pelo menos de fato e às vezes de direito, certos direitos, cuja infração traz consigo o perigo de alguma forma de rebelião.[48] Isto poderia parecer uma tautologia, não fosse o fato de muitos autores não tratarem as sociedades escravistas como verdadeiras sociedades, e sim como uma espécie de campo de concentração generalizado.[49] Para o escravo, a margem de autonomia representada pela possibilidade de dispor de uma economia própria era muito importante econômica e psicologicamente. Na consciência

---

(48) Patterson, Orlando, *The sociology of slavery*, Londres, MacGibbon & Kee, 1967, pp. 273-283 (Patterson se baseia em W. L. Westermann).

(49) Tendência forte no Brasil, mas não exclusiva: nas Antilhas houve mesmo a tentativa de construir uma teoria da *plantation* baseada no modelo de Goffman, elaborado para a análise dos hospitais psiquiátricos! (Best, L., "Outline of a model of pure plantation economy", *Social and Economic Studies*, 3, 1968, sobretudo p. 288.)

social dos senhores de escravos, porém, a atribuição de parcelas de terra e do tempo para cultivá-las era percebida como uma concessão revogável, destinada a ligar o escravo à fazenda e evitar a fuga. Esta diferença na percepção da brecha camponesa era portadora de conflito, tinha potencialidade dinâmica.

Sul dos Estados Unidos

Em 1959, ao publicar a primeira edição do seu famoso livro *Slavery*, Stanley Elkins, a respeito dos Estados Unidos no século XIX, não somente ignorou a questão das atividades autônomas dos escravos em suas parcelas, como insistiu com força — baseando-se em argumentos estritamente jurídicos — no fato de que, naquele país, eles não tinham qualquer direito de propriedade, estando na mais absoluta dependência dos senhores. Só estavam autorizados a vender ou comprar como agentes destes últimos, não podiam plantar por sua conta ou criar animais: os senhores que os deixassem fazer tais coisas ficariam sujeitos a multas. Tudo que um escravo obtivesse era de seu dono; o cativo não podia ter dinheiro seu.[50]

Ora, uma tal miopia, em 1959, já não era desculpável. Embora ainda com poucos detalhes na maioria dos casos, diversos autores já haviam mostrado com clareza que a "brecha camponesa" existira nos Estados Unidos, como em todas as outras regiões escravistas. Em 1927, por exemplo, Ulrich Phillips dizia que, com o fito de estimular o conten-

---

(50) Elkins, Stanley M., *Slavery. A problem in American institutional and intellectual life*, Chicago, The University of Chicago Press, 2ª ed., 1968, p. 59.

ESCRAVO OU CAMPONÊS? 61

tamento, a lealdade e o zelo de seus escravos, muitos donos de *plantations* deixavam-nos criar aves e porcos, e cultivar pequenos lotes de terra em seu tempo livre, permitindo ainda que vendessem o que produzissem. Nas regiões algodoeiras, podiam mesmo plantar algodão — mas um algodão escuro, o *nankeen cotton*, para que, assim, não fossem tentados a aumentar sua colheita (e os ganhos correspondentes ao vendê-la) com algodão "roubado" à *plantation*.[51] Outro exemplo — menos detalhado — de menção às parcelas que os escravos podiam cultivar para si no seu tempo livre, achamo-lo em obra de Herbert Aptheker, publicada pela primeira vez em 1945.[52]
De fato, a documentação primária é bastante abundante a respeito do tema, sobretudo para os séculos XVIII e XIX.
Referindo-se a fins do século XVII e começos do século seguinte, num trabalho sobre Maryland, Russell Menard, à base de um inventário cartorial, dá-nos o exemplo da propriedade de Henry Ridgely, onde três famílias de escravos administravam três seções periféricas da fazenda, com seus próprios animais e ferramentas, realizando operações econômicas bastante independentes, decidindo sobre a organização do trabalho, arcando com a responsabilidade do rendimento agrícola e do seu próprio sustento, sem que estivessem sob supervisão de brancos. Pareciam-se mais, portanto, a meeiros ou parceiros.[53]

(51) Phillips, Ulrich Bonnell, "Southern negro slavery: a benign view", in Weinstein, Allen e Gatell, Frank Otto (eds.), *American negro slavery. A modern reader*, Nova Iorque, Oxford University Press, 1968, p. 40.
(52) Aptheker, Herbert, *Histoire des Noirs aux U.S.A.*, trad. Y. Le Vraux *et alii*, Paris, Éditions Sociales, 1966, p. 10.
(53) Menard, Russell R., "The Maryland slave population, 1658 to 1730: a demographic profile of blacks in four counties", *William and Mary Quarterly*, 3ª série, 32, jan. 1975, pp. 29-54 (ver p. 36).

Este deve ter sido, porém, um caso extremo, a julgar pelo que apontam as fontes em sua grande maioria.

Nos últimos anos do século XVIII, um viajante irlandês constatou, na Virgínia, ser usual que, junto às suas cabanas, os escravos tivessem hortas e galinheiros de sua propriedade (obviamente propriedade *de facto*, não propriedade legal). Afirmou que dispunham de tempo suficiente para cuidar de suas aves e de suas parcelas; além do que produzissem, recebiam boas rações de carne de porco salgada e de milho.[54]

Mais confiáveis são os estudos de *plantations* do século XIX, baseados na contabilidade e em outros papéis administrativos das próprias unidades rurais. Vejamos três exemplos.

Bennett Hall analisou o período formativo das *plantations* Pettigrew, na Carolina do Norte — últimos anos do século XVIII e primeiros do século passado. No que nos interessa, constatou que os escravos podiam desenvolver atividades extrativas — caça, pesca, coleta de mel e cera, corte de madeira para fabricar tábuas e mourões — e tinham hortas individuais. Vendiam, à *plantation* em que residissem, cera, peles de animais, arroz, milho, linho, trigo e madeira. Segundo Hall, o proprietário lhes comprava tais produtos mais para manter o contentamento entre os negros do que para obter lucros, e lhes pagava os preços máximos do mercado regional. Além do que produzissem em suas parcelas, os escravos recebiam abundantes rações de alimentos, provenientes da produção das próprias *plantations*

---

(54) Weld, Isaac, *Travels through the States of North America...* (Londres, 1799), *in* Fabre, Michel, *Esclaves et planteurs*, Paris, Julliard, 1970, pp. 51-52.

pertencentes a Pettigrew: peixe, carne, arroz, milho, farinha de trigo, eventualmente frutas.⁵⁵ Coube a Abigail Curlee estudar uma *plantation* escravista do Texas entre 1831 e 1863, contando para isto com uma documentação especialmente rica e detalhada. Os escravos dispunham ali de pequenos lotes de terra seus (*of their own*), em que cultivavam algodão, milho e legumes. Quando tinham de trabalhar aos domingos — na época de fabricação do açúcar — tal trabalho era remunerado em dinheiro. O algodão que vendiam à *plantation* lhes era pago igualmente em dinheiro. Os escravos alugavam suas parcelas uns aos outros, eventualmente, e pagavam-se mutuamente pelo auxílio, quando da colheita de algodão nas respectivas parcelas. O milho e a carne de porco salgada que produziam eram vendidos na cidade mais próxima, em cujos armazéns os cativos que possuíam lotes tinham contas, podendo comprar fiado sapatos, tabaco e outras mercadorias.⁵⁶

O terceiro exemplo é relativo a duas *plantations* da Geórgia, nos anos 1835 a 1864, analisadas por Ralph Flanders. Junto às cabanas, os escravos tinham galinheiros e hortas. Trabalhavam nos feriados, à noite, ou em qualquer momento livre, e vendiam o produzido aos seus donos ou em cidades próximas; com o dinheiro obtido, compravam fumo e tecidos. Recebiam rações de carne, milho, legumes, às vezes melaço.⁵⁷

---

(55) Wall, Bennett H., "The founding of the Pettigrew plantations", *in* Miller, Elinor e Genovese, Eugene D. (eds.), *Plantation, town and country. Essays on the local history of American slave society*, Urbana, University of Illinois Press, 1974, p. 181.
 (56) Curlee, Abigail, "The history of a Texas slave plantation, 1831-1863", *in* Miller e Genovese (eds.), *idem*, pp. 328-330.
 (57) Flanders, Ralph B., "Two plantations and a county of antebellum Georgia", *in* Miller e Genovese (eds.), *idem*, pp. 229-230.

Na década de 1850, em viagens ao Sul, Frederick L. Olmsted anotou muitas observações suas e depoimentos de outras pessoas sobre a manutenção dos cativos pelos donos (comida, roupas, alojamento) e a respeito das atividades autônomas dos escravos em suas parcelas. Falando da Virgínia, mostrou que era raro que se negligenciasse a alimentação dos escravos: habitualmente recebiam milho e porco salgado em quantidade suficiente e podiam criar porcos e galinhas, além de plantar, no verão, os legumes que quisessem. Muitos, porém, evitavam tal trabalho extra e viviam só das rações. Estas eram tão abundantes que os negros negociavam com partes delas, comprando aos domingos, a brancos pobres das redondezas, uísque que consumiam às escondidas (tal comércio era ilegal). Olmsted mencionou ainda as grandes vendas de ovos que às vezes faziam.[58]

A respeito da Louisiana, além de um depoimento indignado de um branco local sobre pequenos comerciantes (brancos pobres) que entravam em contato com os negros para comprar-lhes coisas, e até os encorajavam a roubar, ele nos proporciona a descrição das atividades próprias dos cativos, numa *plantation* específica, feita por um escravo:[59]

"Em resposta a perguntas, ele disse que os negros plantavam arroz, em quantidade considerável, em lugares úmidos nos limites do pântano, nos fundos da *plantation*. Também plantavam milho, batatas e abóboras. O seu dono lhes concedia terras para tal, e eles vendiam suas colheitas, ou as consumiam;

---

(58) Olmsted, Frederick Law, *The slave States*, Nova Iorque, Capricorn Books, 1959 (obras originais publicadas em 1856, 1857, 1860 e 1861), pp. 89-92.

(59) *Idem*, p. 123; ver também pp. 116-117.

geralmente as vendiam. Trabalhavam à noite e aos domingos em suas parcelas, e, depois de realizadas as colheitas de açúcar e de milho da *plantation*, seu senhor deixava que usassem os sábados à tarde para suas próprias colheitas".

Os dados que Olmsted provê para o baixo Mississipi são do mesmo tipo. Menciona que, em tal região, os escravos eram pagos em dinheiro, quando trabalhavam aos sábados e domingos, comprando tabaco com esse dinheiro. Refere-se, ainda, à fabricação de tábuas e sua venda por cativos, além do comércio de aves e ovos por eles produzidos. Também ali, como na Virgínia, as rações distribuídas eram adequadas, provindo das próprias fazendas da área ou, mais freqüentemente no caso do porco salgado e às vezes do milho, de compras feitas ao Norte (Ohio).[60]

Por fim, quanto à região algodoeira, diz que também lá os negros eram bem alimentados, além de possuírem parcelas, galinheiros e chiqueiros, cujas produções vendiam (comprando, entre outras coisas, farinha de trigo), além de venderem o produto de sua caça. No entanto, as *plantations* mais rentáveis se concentravam no algodão, e preferiam comprar em outras regiões do Sul o alimento distribuído aos escravos.[61]

Vê-se que, com pequenas variações de detalhe no tempo e no espaço, o conjunto da informação aponta consistentemente às mesmas conclusões. Estas foram bem estabelecidas por Eugene Genovese.

Em maior ou menor medida, os senhores, na sua maioria, permitiam que os escravos plantassem

---

(60) *Idem*, pp. 197, 201, 204-205.
(61) *Idem*, pp. 251, 266-267.

legumes e criassem galinhas e porcos. Assim, os negros cativos melhoravam sua dieta, tornavam-na mais variada, ao mesmo tempo reduzindo o custo, para os proprietários, da manutenção adequada da força de trabalho. Trabalhavam em seus lotes à noite (à luz da Lua e de lâmpadas primitivas) e nos dias livres. As fontes às vezes indicam o predomínio do trabalho feminino, mas há indicações de que, talvez na maioria dos casos, fossem ajudadas pelos homens; ocorria, também, a ajuda mútua entre vizinhos.

O produzido nas parcelas (às vezes incluindo algodão), criando animais e em atividades extrativas, era, normalmente, vendido; com o dinheiro obtido, os escravos compravam roupas, fumo, tecidos e outros objetos (jóias, brinquedos para as crianças, anzóis, utensílios de cozinha, etc.). No entanto — e aqui Genovese se baseia numa comparação com a Jamaica, onde as distribuições de rações e roupa aos escravos eram bem mais limitadas e, conseqüentemente, o peso da "brecha camponesa" bem maior (tanto no aspecto agrícola quanto no comercial) —, a possibilidade estrutural, nos Estados Unidos, de os senhores sustentarem, sem grandes dificuldades ou despesas excessivas, os seus escravos em forma direta (o Sul controlava uma parte do Oeste produtor de alimentos, produzia em suas próprias terras muitos gêneros e podia importar do Norte) foi um fator limitativo das potencialidades das atividades autônomas dos escravos naquele país.

Limitativo, mas não anulador. Genovese mostra que os lotes, com o tempo, foram reconhecidos como propriedade privada consuetudinária dos escravos e passavam sem problemas de uma geração à seguinte. Embora esta propriedade fosse informal, em pelo menos um caso (na Carolina do Norte, em

ESCRAVO OU CAMPONÊS? 67

1845) um juiz determinou o direito dos escravos de uma *plantation* a serem pagos por seu algodão, argumentando tratar-se de uma concessão saudável: mesmo não tendo direito formal de propriedade, tal concessão era sancionada pelo costume e pelo sentimento público.

Os escravos — ou muitos deles (já que nem todos podiam ou queriam ter parcelas e arcar com o trabalho adicional que implicavam) — valorizavam seus lotes e seus privilégios consuetudinários de acesso à terra e de venda dos produtos. Alegando o perigo de roubo e de que brancos pobres vendessem álcool aos negros, alguns senhores insistiam em comprar-lhes toda a produção, mas nem sempre isto ocorria. Ideologicamente, havia algumas diferenças de opinião. Certos proprietários brancos defendiam o sistema e achavam que deveria mesmo ser ampliado, já que levava a que os escravos vissem a *plantation*, onde tinham lotes e outros bens, como um lar, o que limitaria o descontentamento e a revolta. Outros, porém, chamavam a atenção para a tendência dos cativos a transformar a concessão em direito e a pressionar por sua manutenção e extensão, além de que, assim, se tornavam mais independentes de seus donos e tendiam a fazer corpo mole no trabalho para a *plantation*, guardando suas energias para o cultivo de suas próprias parcelas.[62]

Podemos supor que predominasse, entre os senhores, a primeira opinião, posto que o sistema de conceder lotes aos escravos perdurou amplamente até a Guerra Civil.

---

(62) Genovese, Eugene D., *Roll, Jordan, roll. The world the slaves made*, Nova Iorque, Vintage Books, 1975, pp. 535-540; Genovese, E. D., *In red and black*, Nova Iorque, Pantheon Books, 1971, p. 161.

Caribe britânico

A publicação recente de uma coletânea de fontes primárias acerca da escravidão no Caribe britânico nos permite passar em revista alguns depoimentos interessantes sobre a "brecha camponesa" e atividades similares.

O mais antigo, de fins do século XVII, refere-se à ilha de Barbados. Menciona que, aos domingos, os escravos, na sua maioria, descansavam ou se divertiam; mas alguns coletavam cortiça para fabricar cordas, que trocavam por camisas e calças.[63]

Um livro publicado na primeira metade do século XVIII informa-nos de que, na Jamaica, cada escravo rural recebia uma parcela de terra, que podia cultivar aos domingos, plantando milho, inhame, coco, batatas, bananas, etc. Supunha-se que subsistissem com o que pudessem produzir nos seus lotes. Alguns, mais industriosos, criavam galinhas para vender aos domingos, dia de mercado, comprando, com o dinheiro obtido, carne salgada ou carne de porco. O livro descreve também os negros procurando ossos no lixo dos ricos para, com eles fazer sopa.[64]

Já de fins do século XVIII é o texto de Luffman sobre a pequena ilha de Antígua. Ali os negros recebiam rações semanais consideráveis de feijão, arroz, milho (podendo os grãos ser substituídos por

---

(63) Ligon, Richard, *A true and exact history of the island of Barbadoes* (Londres, 1673), in Abrahams, Roger D. e Szwed, John F., *After Africa. Extract from British travel accounts and journals of the seventeenth, eighteenth and nineteenth centuries concerning the slave, their manners, and customs in the British West Indies*, New Haven, Yale University Press, 1983, p. 57.

(64) Leslie, Charles, *A new and exact account of Jamaica* (Londres, 1740, 3ª ed.), in Abrahams e Szwed (eds.), *idem*, p. 329.

batatas, inhames ou bananas), carne salgada de vaca ou de porco e arenques salgados. Além das rações, todo escravo de cada *plantation*, do sexo masculino ou feminino, recebia aos quatorze ou quinze anos de idade um lote de terra de 25 a 30 pés quadrados. Alguns o cultivavam industriosamente, outros o negligenciavam. Diz o autor, referindo-se a estas parcelas:[65]

"Estes lotes são de benefício para o país, do ponto de vista material, já que sua produção abastece sobretudo o mercado do domingo (o maior da semana, por ser o dia livre dos negros) em legumes. Eles também são autorizados a criar porcos, cabras e aves, e é devido a se ocuparem de tais atividades que os brancos evitam a fome nas épocas do ano em que os navios não podem vir a estas costas sem perigo".

Também dos últimos anos do século XVIII é a descrição da Jamaica, de W. Beckford. Referindo-se aos terrenos cultivados pelos negros junto às cabanas, diz que, no passado, ali plantavam muitos coqueiros e árvores frutíferas, mas os brancos agora tratavam de desencorajar tal prática, achando que as árvores escondiam as choças e, assim, os negros escapavam à vigilância, quando estavam em família. Além das hortas, havia terrenos de provisões, situados bem longe da *plantation*, às vezes perto de estradas ou trilhas, às vezes, pelo contrário, no seio da floresta. Beckford descreve pitorescamente os grupos de escravos dirigindo-se a tais terrenos (situados nas montanhas interiores da ilha) nas manhãs de domingo, neles trabalhando em grupos familiares com suas enxadas, sem qualquer supervi-

(65) Luffman, John, *A brief account of the island of Antigua* (Londres, 1789), *in* Abrahams e Szwed (eds.), *idem*, p. 331.

são. Os homens é que preparavam a clareira para o cultivo, derrubando as árvores. Uma vez feita a clareira, fixavam-se as parcelas familiares. Estas eram muito produtivas: um quarto de acre sustentava uma família de tamanho médio e ainda proporcionava excedentes comercializáveis. Para tal, deveriam ser de boa qualidade, protegidas do vento, dos estragos do gado e de roubos praticados por outros negros.[66] Também sobre a Jamaica, já no início do século XIX, mas escrevendo de segunda mão, baseado em depoimentos de pessoas que haviam vivido na ilha, R. Watson se refere ao trabalho dos escravos em seus lotes e às vendas de excedentes no mercado, aos domingos. Informa igualmente que alguns cativos alugavam-se por salário no seu dia livre. O trabalho nas parcelas é abordado sucintamente. Esta é a única fonte que diz serem os escravos acompanhados aos terrenos de provisões, aos domingos depois da refeição matinal, por um administrador e um capataz: o fato de as demais fontes afirmarem claramente que trabalhavam sem vigilância em seus lotes parece mostrar que isto era o mais freqüente. As parcelas substituíam as provisões, em princípio, devidas pelos senhores. Diz Watson que, para chegar a tempo ao mercado, alguns negros tinham de caminhar toda a noite, carregando à cabeça os excedentes que esperavam vender, para vencer às vezes até vinte milhas de distância! O mercado era realizado na manhã de domingo e, no mesmo dia, ao chegar de volta às *plantations*, os cativos ainda tinham de recolher forragem para o gado da fazenda. Alguns escravos não plantavam nem iam ao mercado: dor-

---

(66) Beckford, William, *A descriptive account of the island of Jamaica* (Londres, 1790), in Abrahams e Szwed (eds.), *idem*, pp. 337-338.

miam, fumavam charutos ou dançavam aos domingos.⁶⁷

Por fim, em 1826, A. Barclay publicou um livro sobre a escravidão das Antilhas inglesas, referindo-se com detalhe à importância dos coqueiros plantados junto às cabanas, por fornecerem alimento, bebida, fibras para cordas e mesmo para roupas, óleo para as lâmpadas, folhas para combustível e para cobrir cabanas, recipientes (cuias, canecas). No quintal também eram enterrados os mortos da família. Cada grupo familiar possuía um chiqueiro. Quanto às galinhas e outras aves, viviam soltas durante o dia, e à noite dormiam nas árvores ou eram dependuradas a estas, dentro de cestas, para protegê-las dos ratos. O quintal familiar era separado dos outros por uma cerca. Os terrenos de subsistência, situados mais longe, são mencionados sem maiores detalhes.⁶⁸

Com base em fontes como estas e também de outros tipos — papéis gerados pela administração das *plantations*, documentos legais, assentamentos cartoriais, etc. —, cujo conjunto forma talvez a melhor e mais detalhada documentação disponível acerca do nosso tema em todo o mundo americano, diversos autores (destacando-se entre eles Sidney Mintz) debruçaram-se utilmente sobre a questão das atividades autônomas mercantis tanto quanto agrícolas dos escravos no Caribe britânico — bem iluminadas desde o século XVII.⁶⁹ Trataremos de

(67) Watson, Richard, *A defense of the Wesleyan methodist mission in the West Indies* (Londres, 1817), in Abrahams e Szwed (eds.), *idem*, p. 345.

(68) Barclay, Alexander, *A practical view of the present state of slavery in the West Indies...* (Londres, 1826), in Abrahams e Szwed (eds.), *idem*, pp. 346-347.

(69) Geggus, David, "Slave resistance studies and the Saint-Domingue slave revolt: some preliminary considerations", Miami, Latin American and Caribbean Center, 1983 (mimeo), p. 22.

resumir as suas conclusões. Na região em exame, a Jamaica é, de longe, o caso mais bem conhecido, provavelmente porque o fenômeno da "brecha camponesa" atingiu naquela ilha o seu ápice. Nas Antilhas britânicas, distinguia-se o terreno de provisões (*polink* ou *palinka*) — geralmente montanhoso —, em que cada família dispunha de um lote proporcional ao seu tamanho, e o quintal (*yard*) situado junto a cada cabana, onde se plantavam uma horta e árvores frutíferas. Nas ilhas planas, favoráveis em toda a sua extensão à cana-de-açúcar, como Barbados, Saint-Kitts e Antígua, a cultura de subsistência, ao sofrer a concorrência do açúcar, se reduziu aos quintais adjacentes às choupanas: não existia o *polink*. Na maioria das ilhas havia, porém, áreas montanhosas não propícias à cana, e nelas — salvo nas poucas propriedades situadas totalmente em planícies costeiras ou em vales planos — o normal era que o escravo pudesse dispor tanto do *yard* quanto do *polink*: isto ocorria na Jamaica, em Granada, em São Vicente, etc. No outro caso, ao não bastar a auto-subsistência dos cativos, os donos ou administradores tinham de importar e armazenar alimentos, o que constituía um grande risco quando as guerras navais interrompiam a navegação comercial.

 Durante muitas décadas, a legislação metropolitana tentou proibir o sistema de lotes de subsistência e forçar os fazendeiros ou seus representantes a produzirem víveres, sem sucesso algum; finalmente, a "brecha camponesa" foi sancionada legalmente.

 Os escravos contavam com os domingos, às vezes o sábado à tarde (ou um sábado inteiro a cada quinze dias), e os feriados religiosos para o trabalho nos seus lotes do *polink*, que, como já vimos, podiam estar bastante longe da *plantation*. Como é natural, as hortas domésticas podiam receber um cuidado quase diário. A ligação da família negra com o seu quintal era reforçada por ali enterrar os seus mortos e também dedicar-se ao lazer, sentando-se para conversar nos momentos de descanso. Certas fontes do século XVIII são explícitas quanto às vantagens do sistema para os senhores: menos despesas em alimentação e vestuário de escravos; menor inclinação destes à fuga, por terem muito a perder. Ainda assim, em certas ilhas houve tentativas no sentido de diminuir os dias santos. Quando o costume das parcelas dadas aos escravos em usufruto ficou assentado legalmente, os códigos de fins do século XVIII trataram de proteger e até ampliar o tempo livre de que dispunham: duas horas por dia, além dos sábados quinzenais (ou tardes dos sábados semanais), domingos e feriados. O acesso à parcela — comumente chamada de propriedade dos escravos nas fontes — era algo tão aceito que os negros eram indenizados quando por alguma razão se mudasse a localização do *polink* — coisa lógica, pois teriam de subsistir de alguma maneira até que obtivessem novas colheitas; por outro lado, os escravos legavam a quem quisessem os seus lotes, sem interferência do senhor ou de seu representante.[70]

Na Jamaica, como nota Michael Craton, tanto as cabanas e quintais dos escravos quanto os seus

(70) Ver principalmente: Mintz, *Caribbean transformations, op. cit.*, pp. 180-213; Nardin, Jean-Claude, *La mise em valeur de l'île de Tobago (1763-1785)*, Paris, Mouton, 1969, pp. 258-259; Sheridan, Richard B., *Sugar and slavery. An economic history of the British West Indies 1623-1775*, Baltimore, The Johns Hopkins University Press, 1974, pp. 259 e segs.; Williams, Eric, *History of the people of Trinidade and Tobago*, Londres, Andre Deutsch, 1962, pp. 45 e segs., 60 e segs., 75 e segs.; *The act of Assembly of the island of Jamaica... the Jamaica Code Noir*, Londres, 1788; Goveia, Elsa V., "The West Indian slave laws of the eighteenth century", *Revista de Ciencias Sociales*, 4, 1, mar. 1960, pp. 75-105.

polinks tinham um aspecto nitidamente africano. Na horta, próxima à cabana, plantavam árvores frutíferas, legumes diversos, criavam galinhas, perus, porcos e cabras. Nos terrenos comuns plantavam bananas, milho, inhame, batata-doce, mandioca, etc. O trabalho era familiar, embora a abertura das clareiras fosse realizada coletivamente por todos os homens; homens, mulheres e crianças (desde tenra idade) trabalhavam juntos, em grupos familiares, e, antes do século XIX — quando o fim do tráfico incidiu num maior equilíbrio entre os sexos, facilitando e tornando mais comum a formação de núcleos familiares —, também individualmente, ou em grupos de amigos. Os instrumentos principais eram o machado, para preparar a clareira, o facão e a enxada de cabo curto. As provisões eram trazidas à cabana no sábado à noite, para toda a semana (ou para quinze dias). Nem sempre se plantavam somente gêneros de subsistência. Na Jamaica, por exemplo, os escravos também cultivavam por sua conta café, gengibre e alguns produtos menores de exportação. Além disso, dedicavam-se ainda à coleta de madeira, à pesca e à caça, produzindo azeite de castor, peles de animais selvagens, peles de cabras, produtos artesanais (potes de barro, cordas de cortiça, artigos de chifre de boi).

    Boa parte do produzido se destinava, portanto, ao mercado. No caso da Jamaica do século XVIII, ocorreu uma notável diversificação e ampliação da produção autônoma dos escravos, por razões mercantis.

    Já dissemos que, com uma única exceção (e esta um livro de segunda mão), as fontes são unânimes, no Caribe britânico como nas demais regiões escravistas, em indicar que os escravos trabalhavam em seus lotes sem supervisão ou vigilância de qualquer

ESCRAVO OU CAMPONÊS? 75

tipo e que os senhores ou capatazes não interferiam na escolha das culturas e animais que plantavam ou criavam.[71] Sabemos que, graças às suas atividades comerciais, os escravos chegaram a possuir 20% da moeda em circulação e a legar, em seus testamentos informais, até duzentas libras esterlinas! Nesta colônia — trata-se da Jamaica — estavam em contato direto com pequenos comerciantes exportadores, aos quais vendiam os artigos de exportação que produziam, obtendo em troca roupa e artefatos domésticos europeus. Neste caso, como em muitos outros, a legislação limitava os produtos que os escravos podiam vender, procurando evitar roubos, mas a lista se foi ampliando, durante o século XVIII, o que demonstra a importância crescente da sua participação nos circuitos internos do comércio.[72]

Eis aqui a conclusão do maior especialista do tema, Sidney Mintz, sobre a atividade comercial dos escravos e seus efeitos econômicos nas Antilhas inglesas, mais especificamente na Jamaica:[73]

"O significado desta preocupação é a prova que oferece de que as atividades mercantis dos escravos eram de fato muito importantes para a economia jamaicana. Esta economia se baseava no sistema de *plantation* e no trabalho escravo; mas as circunstâncias eram tais, que os escravos puderam fazer uma segunda contribuição valiosa, através dos seus esforços individuais, à acumulação de capital. E os

(71) Mintz, *Caribbean transformations*, op. cit.; Craton, Michael D., *Jamaican slavery*, Rochester, 1972 (comunicação mimeogr.), p. 16.
(72) Mesmas obras das notas anteriores, mais: Mintz, S. W. "Currency problems in eighteenth century Jamaica and Gresham's law", in Manners, Robert A. (ed.), *Process and pattern in culture*, Chicago, Aldine, 1964, pp. 248-265.
(73) Mintz, *Caribbean tranformations*, op. cit., p. 205.

próprios observadores, que duvidavam de que os escravos fossem capazes de aprender mesmo os rudimentos do ensinamento cristão, percebiam sem dúvida a sua capacidade bem humana de criar e empregar riqueza através da cultura e do comércio. Não fossem as habilidades dos escravos, como produtores e distribuidores, e suas necessidades como consumidores, dificilmente poderia ter aparecido na economia jamaicana uma classe numerosa de intermediários, agentes de importação e exportação e vendedores a varejo. A importância das atividades comerciais dos escravos foi reconhecida legalmente nos textos que regulamentavam o comportamento da população cativa".

Michael Craton tratou de estabelecer um vínculo entre o que Mintz chama de "protocampesinato escravo" e as rebeliões ocorridas nas Antilhas britânicas no período 1816-1832, ou seja, durante a última fase da escravidão naquela região. Naqueles anos, findo o tráfico, passaram a predominar os escravos nascidos nas ilhas, organizados majoritariamente em famílias estáveis. Craton crê que as rebeliões passaram a estar marcadas pelo desejo dos escravos de se tornarem camponeses independentes — desejo nascido do hábito bem assentado de suas atividades protocamponesas nas *plantations*. De fato, o protocampesinato escravo antilhano tinha raízes tanto africanas quanto americanas, pelo que talvez tenha razão D. Geggus, ao perguntar se não influíra nas revoltas desde o início, ou seja, desde o século XVII.[74]

---

(74) Craton, Michael, "Proto-peasant revolts? The late slave rebellions in the British West Indies, 1816-1832", *Past and Present*, 85, nov. 1979, sobretudo pp. 115-122; Geggus, *op. cit.*, p. 22.

Caribe francês

As características da "brecha camponesa" são, neste caso, similares ao que acabamos de ver para o Caribe inglês.

Começaremos pela Guiana Francesa, onde cada família de escravos dispunha normalmente de dois lotes: um na proximidade imediata da sua cabana, separado dos lotes vizinhos por uma paliçada, e o outro no terreno chamado *abattis des nègres* (roça ou clareira dos negros). O tempo para trabalhar nas culturas de subsistência estava constituído por um sábado a cada quinze dias — ou, alternativamente, todos os sábados pela tarde —, os domingos e os feriados religiosos, segundo o calendário da diocese de Paris. Também se lhes permitia, nas horas livres, caçar, pescar, recolher caranguejos. No período da primeira abolição da escravidão (1794-1802), ocorreu um grande movimento de compra e aluguel de pequenos lotes pelos ex-escravos, para praticar a agricultura de subsistência, assim como de contratos de parceria.[75] Em 1780, os fazendeiros da Guiana solicitaram a supressão de grande parte dos dias santificados, alegando que os escravos, em vez de cultivarem os seus lotes, roubavam para viver e praticavam pilhagens e arruaças, no seu tempo livre. Os administradores da colônia não atenderam à petição.[76] Tentar obrigar os escravos a trabalhar para as fazendas, durante o tempo reservado às suas ati-

---

(75) Préfontaine, Bruletout de, *Maison rustique ... de Cayenne*, Paris, 1763, pp. 105-106; De Galard-Terraube, *Tableau de Cayenne ou de la Guyane française*, Paris, ano 7, pp. 161-162; Arquivo de Ultramar, Paris, série DFC Guyane, n.º 381; Arquivo Nacional, Paris, série C 14, n.º 8, fª 19. 83; Arquivo da Prefeitura, Caiena, série Diversos, pacote 26: documentos não classificados relativos às alforrias.
(76) Arquivo Nacional, Paris, série C 14, n.º 52, fª 278-280: Guisan, "État des travaux de culture", 1780.

vidades autônomas, era a fonte mais freqüente de fugas e revoltas, como em outras colônias.[77] Comentando uma ordem real de 1710, no sentido de fazer cumprir o *Code Noir* de Colbert (1685), o qual proibia que os fazendeiros deixassem de alimentar os escravos e lhes dessem lotes de terra, dizia o Dr. Artur, residente na Guiana Francesa durante muitos anos, que os negros preferiam o sistema costumeiro (que, aliás, terminou sendo sancionado legalmente em 1803), logo depois de restabelecer-se a escravidão:[78]

"Os escravos acham que está muito bem. Um poderoso incentivo para estimulá-los a trabalhar para o seu dono consiste em ameaçá-los de tirar-lhes o sábado e alimentá-los segundo as leis... Esta modalidade, que parece tornar livres os escravos durante alguns dias, faz com que se apeguem aos seus donos e às suas cabanas... Pode-se estar certo de que um negro que tenha o seu lote em bom estado, sua horta e suas aves, não fugirá. (...) É fácil garantir a subsistência de um pequeno número de escravos, mas muito difícil manter continuamente depósitos bem guarnecidos para alimentar a centenas...".

Acerca da inserção dos cativos nos circuitos mercantis a partir da "brecha camponesa", eis aqui outro texto interessante proveniente da Guiana:[79]

(77) Guisan *Traité sur les terres noyées de la Guyane*, 1788, pp. 287, 291-292; Marchand-Thébault, "L'esclavage em Guyane française sous l'Ancien Régime", *Revue, Française d'Histoire d'Outre-Mer*, 1960, p. 41.
(78) Biblioteca Nacional, Paris, série "Nouvelles Acquisitions Françaises", n.º 2571: Dr. Artur, médico do Rei em Caiena, "Histoire des colonies françaises de la Guyane", livro 5, fª 314-315. Sobre a legalização do sistema vigente, ver Gisler, Antoine, *L'esclavage aux Antilles française (XVII -XIX siècles)*, Friburgo (Suíça), *Éditions Universitaires*, 1965, p. 36, nota 4.
(79) Guisan, *Traité sur les terres noyées de la Guyane, op. cit.*, pp. 287 e segs., nota.

"Numa fazenda, os negros criam aves para obter algum dinheiro. Se o senhor quiser, habitualmente, comprá-las todas e por conseguinte proibir que as vendam alhures sem licença, deixarão de criá-las. Se, de acordo com esta verdade e guiado pela bondade, o senhor decidir habituar-se a comprar só aquilo que os escravos lhe vierem oferecer, e isto só para ajudar a algum deles que tenha necessidade urgente de vender, permitindo que disponham livremente da sua propriedade, então todos se apressarão a criá-las, e procurarão obter todos os artigos que puderem garantir-lhes algum lucro. Isto decorre, em primeiro lugar, de que, ao não lhes ser possível discutir o preço com o seu dono, crêem sempre que ele não lhes paga o valor da sua mercadoria, mesmo se lhes der o dobro do que vale; em segundo lugar, de que assim o senhor conheceria em parte o dinheiro que possuem, os seus pequenos negócios: coisa que não querem".

Na Guiana Francesa, colônia pobre e mal integrada ao comércio atlântico, não só se esperava que das suas plantações e vendas os escravos obtivessem toda a sua alimentação e roupa — já que era raro que se cumprissem as ordens reais de dar-lhes, adicionalmente, arroz, carne seca ou arenque salgado, bananas e pano —, como também eles monopolizavam quase totalmente o mercado interno de *cassave* (preparação da mandioca) e aves, tendo em seu poder grande parte da moeda que circulava na colônia.[80]

Passando agora a Saint-Domingue, principal colônia francesa do Caribe e origem do atual Haiti,

(80) Arquivo Nacional, Paris, série C 14, n.º 89, fª 29: "Réflexions d'un citoyen de Cayenne sur la nouvelle circulation établie dans la colonie", s. d. (a crítica histórica permite fixar o documento entre 1777 e 1782).

dispomos de uma boa descrição geral da "brecha camponesa", publicada em 1814, mas referindo-se ao período anterior a 1789:[81]

"Ao meio-dia, hora de sua refeição, que consistia em algumas batatas-doces que suas mulheres lhe preparavam, eles corriam aos seus pequenos lotes, trabalhando neles com afinco até a hora de voltar aos trabalhos da *plantation*; e quando o luar lhes permitia cultivar suas propriedades, não deixavam de o fazer. (...)
Aos domingos pela manhã, uns trabalhavam em suas parcelas, enquanto outros se dirigiam à cidade para vender legumes e frutas de suas colheitas aves e porcos que criavam. O dinheiro obtido era depois empregado na compra de nossos produtos manufaturados, cujo uso lhes era permitido".

Um estudo pioneiro de Gwendolyn Hall esclarece alguns aspectos das atividades mercantis dos escravos de Saint-Domingue. Os colonos franceses dependiam dos mercados operados pelos negros para se abastecerem; mas, em geral, os cativos eram o núcleo principal das trocas na ilha. A autora chega a dizer que os escravos controlavam o mercado interno, usando-o para colocar os excedentes produzidos em suas parcelas e, eventualmente, também anil "roubado" aos senhores. Alguns escravos colocavam-se nas imediações dos locais de mercado, espreitando a chegada de outros negros com excedentes para vender: pressionavam-nos para que lhes cedessem tais mercadorias em bloco, e vendiam-nas, depois, com lucros importantes. G. Hall afirma que

(81) Malenfant, C., *Des colonies et particulièrement de celle de Saint-Domingue*, Paris, 1814; já para o século XVII, dispomos da descrição do Padre Du Tertre, *Histoire générale des Antilles habitées par les François*, Paris, 1667.

"os negros exerciam, em Saint-Domingue, um grau considerável de poder econômico".[82]

O sistema em Saint-Domingue era semelhante ao das Antilhas britânicas e da Guiana Francesa: horta caseira e lote num campo coletivo (*place à nègres*) situado longe das cabanas, em zonas montanhosas, cultivado, como vimos, nos fins de semana. Às vezes, além disso, existiam plantações de víveres administradas pela própria *plantation*. Também nesta ilha, a legislação metropolitana, depois de tentar forçar os senhores a que alimentassem diretamente os seus negros, terminou sancionando o costume, em forma semelhante ao que vimos para as ilhas inglesas: duas horas por dia, sábado quinzenal (ou sábados à tarde, semanais), domingos e dias feriados; garantia de acesso à parcela. Os escravos também exerciam atividades artesanais, fabricando, para vender, redes de pesca, esteiras, chapéus de palha.[83]

No concernente às Pequenas Antilhas, dispomos de uma descrição excelente e detalhada da "brecha camponesa" no caso da Martinica, incluída no quinto capítulo da tese doutoral de Dale Tomich.[84]

(82) Hall, Gwendolyn Midlo, *Social control in slave plantation societies. A comparison of St. Domingue and Cuba*, Baltimore, The Johns Hopkins Press, 1971, pp. 66-68.
(83) Gisler, *op. cit.*, pp. 23, 36-48; Girod, François, *La vie quotidiene de la société créole.* (*Saint-Domingue au 18e siècle*), Paris, Hachette, 1972, pp. 132-137, 155; Franco, José Luciano, *Historia de la revolución de Haiti*, Havana, Academia de Ciências de Cuba, 1966, p. 139; Debien, Gabriel, *Études antillaises* (*XVIIIe siécle*), Paris, Armand Colin, 1956, pp. 114 e segs., 124: Debien reproduz interessantes observações do intendente da *plantation* Meléuvrier logo antes da Revolução: o terreno onde os escravos tinham lotes para provisões lhe parecia "uma pequena Guiné", um pedaço de África cercado por uma paliçada, onde ele não gostava de entrar, pois "lá os escravos estão em casa".
(84) Tomich, Dale Wayne, "Prelude to emancipation: sugar and slavery in Martinique 1830-1848", Madison, University of Wisconsin, 1976 (tese inédita), pp. 201-222.

Embora a prática de dar parcelas e tempo livre aos escravos não fosse novidade na ilha — tendo sido introduzida a meados do século XVII por refugiados holandeses expulsos do Nordeste do Brasil —, de início, os cativos dispunham somente de quintais próximos às cabanas. A partir de 1770, começaram a receber, também, lotes em terrenos para provisões, fora das imediações das choupanas. Seja como for, até o final do século XVIII, as rações entregues pelos senhores — provenientes em boa parte de uma produção organizada pelas próprias *plantations* — predominavam sobre as atividades autônomas no provimento da alimentação e do vestuário dos negros. Estes já tinham, mesmo então, os sábados livres no todo ou em parte, além dos domingos.

No século XIX, a situação mudou radicalmente. Enquanto no passado as autoridades haviam tentado forçar a aplicação estrita do *Code Noir*, agora, pelo contrário, apesar de algumas restrições legais subsistentes, apoiavam a "brecha camponesa", vendo-a como fator de harmonia social. Afirmavam que os escravos preferiam este sistema, em que tinham alguma autonomia, e não aceitariam de bom grado a volta ao sistema de rações. Depois do final do tráfico africano, em especial, a "brecha" se ampliara, portanto, o que talvez se ligasse à consolidação dos grupos familiares estáveis de escravos crioulos. Doravante, passara a predominar a substituição cabal das rações pelo sistema de quintais e terrenos de subsistência, embora em algumas regiões, onde a terra cultivável era escassa, continuasse o sistema de antes de 1770 (ou seja, os escravos, nessas localidades, dispunham de quintais mas não de outros lotes, recebiam rações e só tinham livre a tarde dos sábados, além dos domingos e dias santificados).

O trabalho nos quintais e nos lotes mais distan-

ESCRAVO OU CAMPONÊS? 83

tes se efetivava absolutamente sem supervisão. Houve casos em que senhores compraram ou alugaram terras expressamente para dotar seus escravos de parcelas de subsistência. Estas não eram grandes (habitualmente menos de dois ares *per capita*), mas eram tão produtivas que, ao intensificar-se o sistema, no século XIX, caíram os preços dos alimentos no mercado interno da Martinica.

Os direitos dos escravos sobre as parcelas eram reconhecidos, bem como os legados que faziam desses terrenos. Alguns exemplos mencionados por Tomich mostram a força de tais direitos. Citemos um deles. Numa *plantation* açucareira, um canavial havia sido abandonado e alguns escravos ali plantaram dois canteiros de mandioca. Quando o proprietário quis voltar a usar aquela terra para a cana, ofereceu aos escravos em questão comprar-lhes o terreno plantado: eles lhe pediram um preço exorbitante. Esse proprietário comentou a um visitante famoso, o abolicionista Victor Schoelcher: "Terei de esperar seis ou sete meses até esta maldita mandioca amadurecer!". Pois, só uma vez colhida a mandioca, os escravos aceitariam trocar aquele terreno por outro equivalente.

Os cativos plantavam em seus lotes mandioca, bananas, batatas, inhames, legumes diversos, árvores frutíferas. Criavam galinhas, coelhos, porcos, ovelhas, às vezes mesmo vacas e cavalos (numa *plantation*, por exemplo, dispunham de 25 hectares de pastos além dos lotes). Também praticavam o artesanato, cortavam madeira e fabricavam carvão, coletavam forragem para vender, pescavam, etc.

Os excedentes eram vendidos, aos domingos, em mercados locais ou de âmbito regional, policiados pelas autoridades, e muito concorridos. Os escravos vendiam suas produções e compravam roupas, jóias e outros artigos (secos e molhados, móveis, etc.).

Alguns rendimentos de tais atividades agrícolas e mercantis do século XIX, que as fontes relatam, chegam a surpreender. Num caso, um hectare e meio de terra, cultivado por três homens e três mulheres, rendia, em média, vinte francos por dia! O ganho médio anual que se podia esperar de um lote individual era estimado variavelmente entre 200 e 800 francos. Certos documentos mostram que alguns cativos da Martinica tinham em seu poder somas consideráveis de dinheiro. Há exemplos comprovados de escravos que alugavam o trabalho de outros negros, livres ou cativos, e mesmo casos de compra (autorizada pelos donos) de escravos por escravos.

Apesar de tudo, Tomich chama a atenção, sensatamente, para o perigo do exagero: eram poucos os escravos realmente prósperos; havia muitos vivendo na penúria mais extrema; existiam, ainda, aqueles que se recusavam a continuar trabalhando nas horas e dias livres, ou não agüentavam fazê-lo, preferindo receber rações dos senhores.

Caribe espanhol

Nossa informação sobre o Caribe espanhol é muito mais deficiente, sendo difícil decidir até que ponto isto se deve a uma importância menor da "brecha camponesa" nas regiões de que agora trataremos, ou simplesmente da insuficiência da pesquisa sobre elas.

Em Cuba, até fins do século XVIII, os engenhos de açúcar paravam aos domingos, e os negros podiam então cultivar os seus *conucos* (lotes, parcelas). Depois, embora continuassem parando a intervalos regulares de oito a dez dias, já não houve coincidência necessária do dia livre com o domingo. Durante a grande expansão açucareira do século XIX, pretende Moreno Fraginals que o sistema de *conucos* foi abandonado em favor da produção ininterrupta de açúcar, passando os escravos a trabalhar para o engenho sete dias por semana.[85] Esta afirmação, porém, é desmentida por fontes da segunda metade do século passado, as quais mostram que quase todos os escravos continuavam possuindo e cultivando *conucos* situados perto de suas cabanas, pelo menos fora da época da safra. Em fins do período escravista, sabemos que os escravos dos engenhos tinham folga uma vez por semana, mas que tal dia livre era concedido em dias diferentes da semana a equipes diversas de cativos, para evitar revoltas ou fugas maciças.[86]

O depoimento de um ex-escravo cubano dá a entender que os *conucos* só eram distribuídos aos casais, não a escravos isolados. Situavam-se atrás dos alojamentos (*barracones*), e neles eram plantados legumes e grãos, além de raízes (feijão, milho, mandioca, batata-doce, ervilhas, amendoim, etc.), e criavam-se leitões. Camponeses livres vinham vender leite aos escravos, levando, em troca, carne de porco defumada. As *plantations* eram também visi-

---

(85) Moreno Fraginals, Manuel, *El ingenio. El complejo económico social cubano del azúcar*, tomo 1, Havana, Comisión Nacional Cubana de la UNESCO, 1964, pp. 51 e segs., 162 e segs., 165, 195 nota.

(86) Towshend, Captain Trench, *Wild life in Florida and a visit to Cuba* (Londres, 1875), *apud* Cooper, Joseph, *The lost continent or slavery and the slave trade in Africa 1875*, Londres, Frank Cass, 1968 (1.ª ed.: 1875), p. 63.

tadas por mascates árabes, que trocavam as produções dos escravos por roupas, jóias, etc.[87] No caso de Porto Rico, com exceção da época de colheita, os escravos dispunham das horas diárias de descanso e dos domingos e feriados religiosos para o cultivo de seus lotes, pelo menos numa parte das fazendas da ilha. A lei de 1861 estabelecia que se pagasse uma diária aos escravos empregados, durante os dias feriados, porque ficavam, assim, privados de usar essas ocasiões em proveito próprio. O mesmo se praticava, aliás, em Cuba. Guillermo Baralt considera que o fato de privar os escravos de suas parcelas e do tempo para cultivá-las era uma das causas das revoltas em Porto Rico.[88]

O Código Negro Carolino de 1784, preparado para a Ilha Espanhola (atual República Dominicana), reproduzia as disposições usuais nos códigos escravistas de fins do século XVIII, no sentido de garantir aos escravos a posse de uma parcela e o tempo para trabalhá-la, afirmando que os negros preferiam este sistema. Neste caso, alternativamente, se estabelecia que os escravos poderiam trabalhar por salário nos dias livres, para adquirir pecúlio.[89]

Dizia Humboldt, acerca de uma região hoje venezuelana, que ele visitou por volta de 1800:[90]

(87) Barnet, Miguel, *Esclave à Cuba. Biographie d'un "cimarrón" du colonialisme à l'indépendance*, trad. de C. Couffon, Paris, Gallimard, 1967, pp. 25-26, 91.
(88) Díaz Soler, Luis M., *Historia de la esclavitud negra en Puerto Rico*, Río Piedras, Editorial Universitaria, 1974, pp. 156-157; Baralt, Guillermo A., "Conspiraciones, sublevaciones y revueltas de esclavos en Puerto Rico 1796-1848", México, XLI Congresso Internacional de Americanistas, 1974 (comunicação mimeogr.), p. 12.
(89) Malagón Barceló, Javier, *Código Negro Carolino (1784)*, Santo Domingo, Ediciones de Taller, 1974, pp. 199-201, 227 e segs, 263, 271.
(90) Texto reproduzido em Minguet, Charles, *Alexandre de Humboldt. Historien et géographe de l'Amérique espagnole (1799-1804)*, Paris, François Maspero, 1969, p. 467.

"A casa do proprietário, localizada sobre uma colina ... está cercada pelas cabanas dos negros. Os que são casados garantem a sua própria alimentação. Dá-se lhes aqui, como em todas as partes dos vales de Araguá, um pequeno terreno para cultivar. Empregam nesta atividade os sábados e domingos, únicos dias livres. Possuem galinhas, às vezes até um porco".

Dois especialistas venezuelanos demonstram o caráter necessário do que chamam o binômio *plantation/conuco* para o funcionamento da fazenda no que é atualmente a Venezuela, antes e depois da abolição da escravidão: trata-se de um mecanismo que assegura a minimização do custo de reprodução da força de trabalho.[91] Os mesmos autores ensinam que ali, sendo o mercado interno muito reduzido, os escravos, além do necessário à sua subsistência, preferiam, para finalidades mercantis, plantar cacau: às vezes se constituíam assim pequenas fazendas — *haciendillas* — dentro da fazenda maior, coisa que os senhores combateram sem muito sucesso.

Conclusão

Os casos e materiais analisados neste capítulo parecem nos permitir uma comprovação suficiente das hipóteses formuladas a respeito da "brecha camponesa".

Sublinhemos o seguinte: uma das constantes que mais impressionam, ao se trabalhar com as fontes e a bibliografia disponíveis, é o emprego insis-

---

(91) Carvalho, Gastón e Ríos de Hernández, Josefina, "Notas para el estudio del binomio plantación-conuco en la hacienda agrícola venezolana", Caracas, mar. 1977 (comunicação mimeogr.)

tente de um vocabulário rico em termos indicativos de propriedade, sempre que as pessoas que viveram sob o escravismo, ou de alguma forma o conheceram nas Américas, referiam-se aos lotes de subsistência dos escravos, ao neles produzido, ou ao resultado da venda de excedentes.

Da comparação dos casos estudados emergem claramente duas modalidades do fenômeno que estudamos:

1) a "brecha camponesa" podia ter uma função meramente complementar à distribuição de rações aos escravos, a intervalos regulares, pelos senhores ou seus representantes: neste caso, as parcelas entregues aos cativos limitavam-se a quintais próximos às suas cabanas, e o tempo livre de que dispunham era menor;

2) ou, então, podia colocar-se como uma alternativa às distribuições de rações, as quais desapareceriam, ou quase: os escravos recebiam, neste caso, lotes situados fora do núcleo central da *plantation*, além dos quintais adjacentes às suas moradias, e dispunham de mais tempo para cultivar suas parcelas.

Deve notar-se que, em qualquer das duas modalidades, configura-se sempre a comercialização de excedentes. Na primeira delas, com freqüência, era possível aos escravos viver principalmente das rações e comercializar praticamente tudo o que produziam — embora, em parte, para obter, com o resultado das vendas ou trocas efetuadas, alimentos ou peças de vestuário não distribuídas nas *plantations*.

As duas formas da "brecha camponesa" coexistiram nas diferentes regiões escravistas, mas com a tendência a um predomínio — nunca universal — de uma delas. Assim, a primeira caracterizou o Sul dos Estados Unidos (mas note-se que o exemplo correspondente à nota n? 59 — uma das *plantations* visitadas na Louisiana por Olmsted — parece remeter à segunda modalidade) e provavelmente o Caribe espanhol (certamente Cuba), enquanto o Caribe francês, com certeza, e o britânico, com muita probabilidade (o que não foi visto com clareza pelos especialistas por nós consultados, mas se depreende das fontes primárias), conheceram a transição, nos casos em que havia terras disponíveis suficientes, da primeira para a segunda forma. No Caribe francês é mesmo possível datar tal transição, ocorrida a partir de 1770.

Um tema que mereceria mais estudos é o da incidência, respectivamente, das estruturas africanas e dos elementos estruturais do escravismo no Novo Mundo, para a explicação da "brecha camponesa" e de suas características: veremos no capítulo seguinte que há argumentos de peso a favor de uma solução estrutural ligada ao escravismo. Até agora, um dos pontos que começam a ser percebidos é que, em certos casos, pelo menos, houve uma intensificação das atividades autônomas dos cativos, na medida em que, terminada a incidência do tráfico africano, os escravos crioulos, com proporções mais equilibradas entre os sexos, e portanto com melhores possibilidades de formar núcleos familiares estáveis mais numerosos, começaram a pesar mais no seio da população negra. Isto foi constatado no Caribe francês e inglês, explicitamente, por alguns autores.

Levando em conta os fatores limitativos do fenômeno, queremos terminar afirmando, como o fizemos em 1979, que o estudo da "brecha camponesa" serve, entre outras coisas, para nuançar a visão habitualmente monolítica em excesso que se possa ter do sistema escravista da Afro-América, ao mostrar as colônias afro-americanas como sedes de verdadeiras sociedades, ativas, dinâmicas e contraditórias — e não como campos de concentração generalizados, habitados mais por figuras estereotipadas do que por pessoas vivas. Serve para nuançar, dissemos, mas não para pôr em dúvida o sistema escravista, indubitavelmente dominante.[92]

---

(92) Cardoso, Ciro F. S., *Agricultura, escravidão e capitalismo, op. cit.*, p. 150.

A "brecha camponesa" no Brasil: realidades, interpretações e polêmicas

A "brecha camponesa" no Brasil à luz de fontes primárias e estudos recentes

É muito difícil redigir uma síntese relativa ao nosso tema, no tocante ao caso brasileiro, devido a que o estado atual dos conhecimentos lembra mais o que vimos para o Caribe espanhol do que o mencionado para o Sul dos Estados Unidos ou o Caribe britânico e francês: isto é, apresenta um caráter fragmentário e notórias insuficiências. Sendo assim, preferiremos passar em revista uma amostra significativa da documentação disponível e/ou dos comentários dos pesquisadores sobre a mesma, antes de arriscar algumas conclusões e interpretações — que serão influenciadas, também, pelo que se viu no capítulo precedente.

Jacob Gorender mostra que os portugueses empregavam já o sistema de conceder parcelas de terra aos escravos, antes mesmo da colonização do Brasil, na ilha de São Tomé. Nada mais natural, então, do que a transferência desse costume à nova área colonial, que, por sua vez, foi foco de sua difusão ao

Caribe — donde a designação comum de "sistema do Brasil".[1]

Em 1663, as instruções a um administrador de uma fazenda de Pernambuco mencionavam a presença dos lotes cultivados por escravos.[2]

Algumas décadas depois, em 1700, escrevia o jesuíta Benci:[3]

> "...eu não condeno (antes louvo muito) o costume, que praticam alguns senhores neste Brasil, os quais achando grande dificuldade em dar o sustento aos escravos, que os servem das portas a fora nas lavouras dos Engenhos, lhes dão em cada semana um dia, em que possam plantar e fazer seus mantimentos, com os quais os que se não dão à preguiça têm com que passar a vida".

O que o autor condenava era que o tempo concedido aos escravos para produzir mantimentos coincidisse com os domingos e dias santos. No conjunto, isto significava quase noventa dias por ano de tempo livre para atividades autônomas — pelo menos teoricamente, dependendo de que o acesso dos escravos a tal tempo livre fosse respeitado.

A posição da Coroa Portuguesa e da Igreja diante do sistema do Brasil era ambígua. Por um lado, de início tenderam a querer forçar os senhores a que alimentassem diretamente os cativos, argumentando ser sua obrigação e, também, constituir uma crueldade querer que os negros continuassem

---

(1) Gorender, Jacob, *O escravismo colonial*, São Paulo, Ática, 1978, pp. 258-259, 264-265.

(2) Gonçalves de Mello, José Antônio, "Um regimento de feitor mor de engenho de 1663", *Boletim do Instituto Joaquim Nabuco*, 2, 1953, pp. 80-87.

(3) Benci, Jorge, *Economia cristã dos senhores no governo dos escravos*, São Paulo, Grijalbo, 1977, p. 58.

trabalhando em seu tempo livre. Por outro lado, alvarás e ordens régias, desde o final do século XVII (1688, 1689, 1693), trataram de estabelecer que os escravos tivessem direito ao sábado livre para sua própria agricultura em parcelas que recebiam nas fazendas.⁴ É possível que o empenho metropolitano em forçar os fazendeiros do Brasil a manterem roças de mantimentos excedesse, no fundo, à questão da alimentação dos escravos e, pelo menos de início, se destinasse a garantir o abastecimento das frotas que vinham à costa brasileira antes de se dirigir à Índia.⁵

Seja como for, em 1701 uma ordem do rei Pedro II, cujo original está no Arquivo Público da Bahia, estabeleceu — ouvido o Conselho Ultramarino e referindo-se a sugestões do Conselho das Missões — que os senhores de engenho escolheriam entre duas possibilidades: alimentar diretamente os seus escravos, ou, então, conceder-lhes o sábado para cultivo de seus lotes de subsistência, já que assim os negros não ficariam impedidos, como ocorria, de guardar domingos e festas religiosas.⁶

Poucos anos depois, em 1707, as Constituições Primeiras do Arcebispado da Bahia, em seus artigos 379 e 380, determinavam a obrigação dos senhores a alimentarem seus negros. Ora, na verdade, o que faziam era dar-lhes os domingos e dias santificados para que obtivessem comida e roupa — impedindo-os, portanto, de ir à missa. Os escravos — a não ser em casos de necessidade urgente, e obtida prévia au-

---

(4) Calógeras, J. Pandiá, *Formação histórica do Brasil*, 5.ª ed., São Paulo. Cia. Ed. Nacional, 1957, p. 38.
(5) Informação que devemos a Francisco Carlos T. da Silva, que prepara uma tese de Doutorado sobre o abastecimento no período colonial.
(6) Ott, Carlos B., *Formação e evolução étnica da cidade do Salvador*, Salvador, Tipografia Manu, 1957, tomo 2, pp. 95-96.

torização — não deveriam trabalhar em suas hortas (para si mesmos ou para outros), pescar, carregar e descarregar barcos, aos domingos e feriados religiosos.[7]

Este documento é interessante por permitir indiretamente a inferência da inserção dos escravos nos circuitos mercantis — pois de outro modo não se vê como conseguiriam roupa trabalhando em seus lotes — e o fato de que trabalhassem, eventualmente, nas parcelas uns dos outros: pode-se supor que, em analogia com o que conhecemos para o Sul dos Estados Unidos e para o Caribe, em troca de algum tipo de remuneração, ou, então, segundo um sistema de reciprocidade.

O jesuíta Andreoni (Antonil) escreveu, em 1711, referindo-se à Bahia:[8]

> "Costumam alguns senhores dar aos escravos um dia em cada semana para plantarem para si, mandando algumas vezes com eles o feitor para que se não descuidem. E isto serve para que não padeçam fome, nem cerquem cada dia a casa de seu senhor pedindo-lhe a ração de farinha. Porém não lhes dar farinha nem dia para a plantarem, e querer que sirvam de sol a sol no partido, de dia e de noite com pouco descanso no engenho, como se admitirá no tribunal de Deus sem castigo? Se o negar a esmola a quem com grave necessidade a pede é negá-la a Cristo Senhor nosso, ... que será negar o sustento e o vestido ao escravo? E que razão dará de si quem

---

(7) *Constituições Primeiras do Arcebispado da Bahia feitas e ordinadas pelo Illustríssimo e Reverendíssimo S. D. Sebastião Monteiro da Vide*, São Paulo, Typographia de Dezembro de Antonio Louzada Antunes, 3ª ed., 1853, pp. 340-341.

(8) Antonil, André João, *Cultura e opulência do Brasil por suas drogas e minas*, texto da ed. de 1711, trad. franc. e comentário crítico por Andrée Mansuy, Paris, *Institut des Hautes Études de l'Amérique Latine*, 1968, p. 128. Ver também pp. 132, 218, 244-246.

... nega quatro ou cinco varas de algodão e outras poucas de pano da serra a quem se derrete em suor para o servir e apenas tem tempo para buscar uma raiz e um caranguejo para comer?".

Este texto, de intenção moralizante, tem sido valorizado em excesso por certos autores. Certamente, não dar alimento nem a possibilidade de que os escravos o cultivem (e, ao que parece, comprem roupa vendendo algum excedente) seria, se se tornasse hábito regular e difundido, uma estranha irracionalidade suicida dos senhores de engenho, que estariam destruindo parte importante de seus bens nas pessoas dos cativos! Note-se, também, que o envio de feitores com os negros aos seus lotes não era usual: menciona-se raríssimamente no caso do Brasil como nas demais áreas coloniais, já o vimos.

Em livro bem documentado, que utiliza grande variedade de tipos de fontes, S. Schwartz estuda o setor açucareiro baiano, em especial no século XVIII e primeiros anos do século XIX, quanto ao que aqui nos interessa. Informa-nos de que, sob os jesuítas (expulsos, com confisco de suas propriedades, em 1759), no engenho Sergipe, cada escravo recebia um machado, uma picareta e uma enxada, marcados com o símbolo do Colégio de Santo Antão, e pelos quais era responsável, para trabalhar a sua parcela. Mas em geral, diz o autor que eram muitos — ao contrário do que pretende Gorender[9] — os engenhos que usavam o sistema dos lotes de terra dados aos escravos com o tempo para cultivá-los e a possibilidade de dispor livremente dos excedentes produzidos. Aliás, como tais propriedades açucareiras trabalhavam com freqüência segundo um sistema de

---

(9) Gorender, *op. cit.*, pp. 259-260.

quotas, estas uma vez cumpridas, os cativos poderiam trabalhar pelo resto do dia em suas próprias parcelas. O tempo, em princípio, concedido para tal era muito variável nos documentos, e provavelmente também na realidade: há textos que falam só de domingos e feriados, outros de um dia útil a mais por semana. Os escravos preferiam, às rações distribuídas pelo senhor, este regime que lhes dava alguma autonomia e, em uns poucos casos, permitia-lhes, mesmo, acumular dinheiro suficiente para comprar sua liberdade ou a de seus filhos. Schwartz vê a "brecha camponesa" no contexto dos incentivos: para ter mais tempo para suas parcelas, os cativos cumpriam as quotas estabelecidas, além da vantagem óbvia, para o senhor, de se auto-sustentarem em parte, pelo menos. Em certos casos, a venda dos excedentes era feita ao próprio engenho: o de Santana, em 1789, comprava-os aos negros a uma tarifa cerca de um terço abaixo dos preços do mercado, o que torna fácil entender por que os escravos deste engenho desejavam acesso direto ao mercado de Salvador.[10]

Também nas propriedades do Colégio dos Jesuítas do Rio de Janeiro, em meados do século XVIII, a prática das parcelas entregues aos escravos, para suas roças (situadas na barreira junto ao colégio), está atestada. Os limites e a extensão das roças — em que os negros trabalhavam aos domingos — eram flexíveis.[11]

---

(10) Schwartz, Stuart B., *Sugar plantations in the formation of Brazilian society. Bahia, 1550-1835*, Cambridge, Cambridge University Press, 1985, pp. 141, 156-157.

(11) Arquivo Geral da Cidade do Rio de Janeiro, códices 40-2-20 a 40-2-22: estão sendo estudados em detalhe por Carlos Henrique Santos de Almeida, que prepara uma dissertação de Mestrado na Universidade Federal Fluminense. Cobrem sobretudo os anos 1751 a 1759.

Vê-se aí um dado que confirma a ambigüidade da posição eclesiástica: os próprios religiosos, quando eram proprietários de escravos, preferiam, às vezes, deixar que trabalhassem para si aos domingos e dias santificados, já que a alternativa seria dar-lhes outro dia na semana.

Em nossa pesquisa sobre o Pará no século XVIII, encontramos fontes interessantes a respeito de dois aspectos da "brecha camponesa". Em primeiro lugar, o jesuíta Padre João Daniel escreveu sobre tal fenômeno como existia *entre os escravos indígenas*, até a extinção da escravidão dos índios em 1757. Tais escravos viviam em cabanas familiares nas fazendas e *plantations*. Recebiam, do dono, peixe ou carne, e roupas. Dispunham de parcelas de terra em usufruto, para plantar mandioca e criar porcos e galinhas. João Daniel diz, com exagero, que só estavam disponíveis para trabalhar para seu senhor a metade do ano, ou a terça parte. Quando o senhor os forçava ao trabalho da fazenda, nos dias em que normalmente cultivariam seus lotes, devia dar-lhes outros dias na mesma semana. Os escravos vendiam o excedente produzido em seus lotes, bem como peixe e caça, aos seus donos ou fora da fazenda. Eventualmente, aumentavam sua colheita com mandioca "roubada" ao senhor.[12]

Podemos ver que este protocampesinato índio era em tudo semelhante ao protocampesinato negro conhecido em outras regiões, o que vem confirmar o que dissemos no capítulo anterior sobre o caráter estrutural da "brecha camponesa" no sistema escravista, com sua lógica subjacente (ver nossas hipóteses no capítulo 2).

---

(12) Padre João Daniel, *Tesouro descoberto no Rio Amazonas*, Rio de Janeiro, Biblioteca Nacional, 1976, tomo 2, pp. 143-150.

Depois de 1750, o Pará recebeu alguns milhares de escravos negros, introduzidos primeiro por uma companhia pombalina de comércio. Obviamente, também neste caso surgiu um protocampesinato escravo. A fonte mais explícita que achamos a respeito foi uma monografia manuscrita do naturalista Alexandre Rodrigues Ferreira:[13]

> "... costumam alguns senhores de engenho distribuir para cada escravo, as jeiras de terras que ele necessita, com relação ao seu estado; feriando de cada semana, um até dois dias, para neles trabalhar cada um na sua roça; donde não só tiram os escravos a farinha, o milho, e o feijão de que se sustentam, eles, suas mulheres e seus filhos, nestes dias em que trabalham para si; mas também, pelos dois, três, quatro ou cinco meses em que não moem os engenhos. E o caso é que, por experiência certa, não somente tiram os pretos das terras que lavram a farinha precisa para o seu sustento; mas chegam a vender quase todos os gêneros de lavoura, além de muitas criações; até ajuntarem as somas com que se libertam, a si e a seus filhos".

Do final do século XVIII é o testemunho de Vilhena, referente à Bahia. Distingue quatro soluções para a alimentação dos escravos: 1) alguns senhores lhes concediam trabalhar aos domingos e dias santos em seus lotes, proporcionando-lhes a mais só melaço de má qualidade; 2) outros davam-lhes o sábado além daqueles dias; 3) outros, ainda, distribuíam-lhes rações de mandioca e carne seca, sem dar-lhes direito aos lotes; 4) por fim, havia os que

---

(13) Biblioteca Nacional, Seção de Manuscritos, 21, 1, 16: Alexandre Rodrigues Ferreira, "Estado presente da agricultura do Pará representado a S. Ex.ª o Senhor Martinho de Souza e Albuquerque, Governador e Capitão General do Estado", Belém, 15.3.1784.

combinavam as rações com a concessão dos lotes e do tempo livre. Os escravos plantavam mandioca e outros vegetais nas suas parcelas, que eram cercadas. Sofriam problemas como os roubos praticados por outros escravos (famintos e indolentes), as depredações das formigas, ou ainda as dos porcos do mato, ou do gado, que derrubavam com facilidade as frágeis cercas.[14]

Em 1977, Schwartz publicou dois importantes documentos relativos a um incidente da luta social ocorrido em 1789 ou 1790, na Bahia, quando um grupo de escravos fugitivos estabeleceu por escrito as suas condições para voltar à fazenda, às quais incluíam as seguintes: "Em cada semana nos há de dar os dias de sexta-feira e sábado para trabalharmos para nós, não tirando um destes dias por causa de dia santo. Para podermos viver nos há de dar rede, tarrafa e canoas... Poderemos plantar nosso arroz onde quisermos, e em qualquer brejo, sem que para isso peçamos licença, e poderemos cada um tirar jacarandás ou qualquer outro pau sem darmos parte para isso". O comentário de Schwartz a respeito é o seguinte:[15]

"Certo número de parágrafos deixa claro que os escravos estavam acostumados a fornecer o seu próprio sustento. As exigências relativas a dois dias livres, sem responsabilidades no engenho, com direito a pescar, plantar arroz e cortar lenha, indicam um certo grau de independência e autosuficiência".

(14) Vilhena, Luis dos Santos, *Recopilação de notícias soteropolitanas e brasílicas contidas em XX cartas que da cidade do Salvador, Bahia de Todos os Santos, escreve hum a outro amigo em Lisboa*, Salvador, Imprensa Oficial do Estado, 1922, tomo 2, pp. 187-189.
(15) Schawartz, Stuart B., "Resistance and accomodation in eighteenth-century Brazil: the slaves' view of slavery", *Hispanic American Historical Review*, 57, 1, 1977, pp. 69-81.

O mesmo autor estudou igualmente as *plantations* pertencentes aos beneditinos em diferentes partes do Brasil, na segunda metade do século XVIII e princípios do século seguinte. Um religioso que havia sido administrador de engenho em Pernambuco negou, na década de 1780, uma declaração — emanada de autoridade governamental — no sentido de que os escravos não recebiam de fato o tempo livre necessário para trabalhar semanalmente em suas parcelas. Uma vintena de anos antes, o abade do Rio de Janeiro escrevera que todos os administradores das propriedades beneditinas tinham instruções para dar aos cativos pelo menos um dia útil semanal, mesmo quando houvesse incidência de feriados religiosos em outros dias da mesma semana. Na Bahia e no Rio de Janeiro, pelo menos, os frades encorajavam a compra da liberdade pelos negros, com o que poupassem vendendo excedentes. O dinheiro recebido era empregado na compra de outros escravos. Nem todos os cativos, porém, eram autorizados a alforriar-se, mesmo tendo os meios para o fazer: o mulato Nicolau, administrador escravo da fazenda de Jaguaribe, em Pernambuco, pôde comprar a liberdade de sua mulher e de seus filhos, e foi autorizado a comprar para si dois escravos; mas a Ordem se recusava a deixá-lo pagar por sua própria liberdade, devido à sua eficiência. Schwartz acha que os lotes — em que os beneditinos e administradores não interferiam — deram lugar à acumulação de dinheiro em mãos dos cativos. Só em alguns casos, no entanto, isto foi suficiente para a compra da alforria. Ao morrer, um escravo podia deixar o seu lote para familiares ou amigos da mesma *plantation*. A conclusão do autor sobre este ponto é que o "sistema do Brasil" se destinava a desencorajar fugas e a encorajar, pelo contrário, a cooperação. Os

ESCRAVO OU CAMPONÊS?

negros apreciavam o sentimento de independência que lhes davam os lotes; ao mesmo tempo estavam, na prática, descarregando dos ombros dos proprietários uma parte da obrigação de sustentá-los. "Nisto como em outros aspectos da administração escravista, o que era um tratamento mais humano era talvez, em última análise, também um bom negócio."[16]

Henry Koster, administrador, em 1816-1817, de um engenho que confinava com uma propriedade já mencionada dos beneditinos — Jaguaribe, em Pernambuco —, a qual contava com uns cem escravos, todos nascidos no Brasil, referiu-se assim a tal propriedade (que não era um engenho, ao contrário do que erroneamente escrevemos em 1979):[17]

"Os casamentos são encorajados; muitas dessas uniões têm lugar cedo, à idade de dezessete ou dezoito anos para os homens, e quatorze ou quinze anos para as jovens. Imediatamente depois de casar-se, começam a trabalhar regularmente no campo para os seus donos; com freqüência, tanto rapazes como moças pedem ao administrador que lhes permita começar sua vida de trabalho diário antes da idade estabelecida pelos regulamentos do convento; isto ocorre porque não podem possuir terrenos próprios de subsistência antes que trabalhem para seu senhor. Quase todo tipo de trabalho é feito por tarefa; esta se completa usualmente às três da tarde, o que dá aos que são industriosos a oportunidade de trabalhar diariamente em seus próprios lotes. Os escravos dispõem do sábado

---

(16) Schwartz, Stuart B., "The plantations of St. Benedict: the Benedictine sugar mills of colonial Brazil", *The Americas*, 39, 1, jul. 1982, pp. 1-22.

(17) Koster, Henry, *Travels in Brazil*, Londres, 1816, pp. 424 e segs.

de cada semana para prover à sua alimentação, além dos domingos e feriados... Os terrenos de subsistência estão sempre livres de interferência dos monges, e quando um negro morre ou obtém a sua alforria, se lhe permite legar a sua parcela de terra a qualquer dos seus companheiros que ele queira agradar ou favorecer desta maneira".

O caso, à primeira vista, parece ser atípico. Mas este último ponto — a possibilidade que tinha o escravo de legar a sua parcela, o que indicaria um alto grau de estabilidade do direito de posse — aparece bem documentado como costume corrente no Sul dos Estados Unidos e no Caribe, já o vimos. Também mencionamos anteriormente que Schwartz encontrou o sistema das tarefas em engenhos da Bahia. Seja como for, o paternalismo parece ter sido bem maior nas propriedades dos beneditinos do que nas dos jesuítas.

Eurípedes Funes, em sua dissertação de mestrado ainda inédita, estudou a escravidão em Goiás em fins do século XVIII e durante a primeira metade do século passado. Usando pioneiramente, como fonte, os documentos gerados pela cobrança dos dízimos — de que dispôs para 1795 —, mostrou que, de 347 assentamentos daquele ano, 32 mencionam pagamentos relativos a roças de escravos (alguns assentamentos do dízimo são diretamente referentes à venda de produtos agrícolas pelos cativos; em outros, estes últimos são incluídos, discriminadamente, nas anotações que se referem às fazendas). Verifica-se que os negros participavam, através de vendas regulares de alimentos, do abastecimento local em proporção não desprezível. A conclusão do autor é que a fonte deixa clara a autonomia da produção camponesa (ou protocampesina) dos escravos de Goiás em relação à da fazenda.[18]

O mesmo autor cita, também, uma passagem de Saint-Hilaire acerca de Goiás:[19]

"O domingo pertencia aos escravos. ...recebiam um pedaço de terra que podiam cultivar em seu próprio proveito. Joaquim Alves instalara em sua própria casa uma venda, onde os negros podiam comprar as coisas que são geralmente do agrado dos africanos. Nas suas transações, o algodão fazia o papel do dinheiro. Dessa maneira, ele livrava os escravos da tentação do roubo, estimulava-os ao trabalho, acenando-lhes com os lucros de suas lavouras, fazia com que se apegassem ao lugar e ao seu senhor, ao mesmo tempo que aumentava a produção de sua terra".

Vê-se aí uma clara vinculação da "brecha camponesa" a atividades mercantis: o próprio fazendeiro disto se aproveitou, como o texto esclarece.

O naturalista Charles Darwin, em sua passagem pela região dos lagos da Província do Rio de Janeiro, em abril de 1832, visitou uma fazenda de café onde os escravos "nos sábados e domingos trabalham para si próprios, e, neste clima fértil, dois dias de trabalho são suficientes para garantir o sustento de um homem e de sua família durante uma semana".[20]

---

(18) Funes, Eurípedes Antônio, "Goiás 1800-1850. Um período de transição da mineração à agropecuária", Niterói, Universidade Federal Fluminense, 1983 (dissertação inédita de mestrado), pp. 122-125.

(19) Saint-Hilaire, Auguste de, *Viagem à Província de Goiás, apud* Funes, *idem*, p. 124.

(20) Darwin, C., *Viagem de um naturalista ao redor do mundo*, trad. J. Carvalho, Rio de Janeiro, Brasil Editora, 1937, p. 43.

Uma documentação do século XIX comprova, em forma indireta, que os escravos participavam correntemente de operações mercantis, comprando e vendendo sem ser por conta do dono; e mesmo abrindo (ilegalmente) pequenas casas de negócio próprias. Trata-se de posturas municipais — como as de Niterói, Cabo Frio, Maricá, Magé, Diamantina e Itajubá —, que, em nome da segurança pública, cuidavam de coibir ou limitar tais atividades, as quais, em nossa opinião, ligavam-se com freqüência aos excedentes das parcelas dos escravos.[21]

Em 1847, um grande fazendeiro de café do Vale do Paraíba, Francisco Peixoto de Lacerda Werneck, que chegaria a ser o Barão de Pati do Alferes, escreveu um opúsculo interessante — o qual conheceria mais tarde duas novas edições, póstumas, com retoques e adendos —, em que, entre outros assuntos, tratou da "brecha camponesa". Aos domingos, depois de ouvir missa — se isto fosse possível dentro da fazenda —, os escravos trabalhariam em seus pequenos lotes, que não deveriam estar situados muito longe, plantando café, milho, feijão, banana, batata, cará, aipim, etc. No entanto, o proprietário não deveria permitir que vendessem a outrem, que não ele mesmo, os excedentes, evitando deste modo que se embebedassem nas tavernas. Mas recomendava que lhes pagasse um preço razoável. Com o dinheiro, os negros compravam tabaco, comida de melhor qualidade do que a que tinham ordinariamente, roupas para suas mulheres e crianças, se fossem casados. Suas hortas, e o que delas tiravam, faziam com que amassem o país, distraindo-os da

---

(21) Textos legais recopilados por Conrad, Robert Edgar, *Children of God's fire. A documentary history of black slavery in Brazil*, Princeton, Princeton University Press, 1983, pp. 259-263.

escravidão e entretendo-os "com esse seu pequeno direito de propriedade". O próprio fazendeiro sentir-se-ia feliz ao ver os seus escravos voltando das roças com bananas, carás, canas, etc.[22]

Eduardo Silva mostra que o próprio Werneck seguia o conselho que dera: comercializava o café produzido por seus escravos, enviando-o, juntamente com o seu, ao comissário, no Rio; sua filha ainda o fazia em 1887.[23] Em outro trabalho, E. Silva menciona diversos casos de alforrias compradas pelos escravos durante o século passado — comprovando a acumulação de pecúlio, mesmo se este só se tornou legal em 1871.[24]

Em 1854, os fazendeiros de Vassouras se reuniram. Querendo evitar revoltas dos negros, recomendaram três medidas de tipo repressivo, e estas outras três: permitir os divertimentos dos escravos; promover o desenvolvimento da religião entre eles; por fim, "permitir que os escravos tenham roças e se liguem ao solo pelo amor da propriedade: o escravo que possui nem foge, nem faz desordens".[25]

Também da segunda metade do século passado é um dado interessante, colhido por João L. Fragoso em documentação cartorial de Paraíba do

---

(22) Werneck, Francisco Peixoto de Lacerda, *Memoria sobre a fundação e custeio de uma fazenda na provincia do Rio de Janeiro, sua administração e épocas em que se devem fazer as plantações, suas colheitas, etc. etc.*, Rio de Janeiro, Laemmert, 1847, pp. 16-18.

(23) Silva, Eduardo, "A função ideológica da 'brecha camponesa'", *in Anais da IV Reunião da Sociedade Brasileira de Pesquisa Histórica*, São Paulo, SBPH, 1985, pp. 191-195. Ver também: Silva, Eduardo, *Barões e escravidão. Três gerações de fazendeiros e a crise da estrutura escravista*, Rio de Janeiro, Nova Fronteira, 1984, pp. 157-158.

(24) Silva, Eduardo, "Entre Zumbi e Pai-João, o escravo que negocia", *Jornal do Brasil*, de 18.8.1985, "Caderno Especial", p. 3.

(25) *Instrução para a Comissão Permanente nomeada pelos fazendeiros do Município de Vassouras*, Rio de Janeiro, Tipographia Episcopal de Guimarães, 1854.

Sul. Numa das fazendas de Antônio Luís Werneck, as fontes mencionam, sem os discriminar ou descrever, lotes de escravos; falam também de plantações pertencentes à fazenda, consistindo em "três alqueires de milho plantado desde a buracada das bananeiras à roça dos escravos pelas vertentes". Ou seja, comenta o autor, a indicação de limites com a roça dos escravos é feita como se esta fosse da propriedade dos cativos.[26]

Outras informações muito úteis, decorrentes igualmente do estudo de inventários *post mortem* conservados nos cartórios, provêm da dissertação inédita escrita por Maria Regina Mattos sobre a região nordestina do Seridó. Diversas pessoas, ao morrer, tinham dívidas para com escravos pela compra de gêneros alimentícios ou de cabeças de gado; ou haviam recebido de cativos somas de dinheiro, cabeças de gado e *até imóveis* por sua alforria (esta às vezes era paga a prazo, em diversas prestações). Certos escravos possuíam quantidades consideráveis de cabeças de gado (doze a treze) — bovino e, às vezes, também eqüino. Isto implica o acesso a pastos. Alguns dos negros entregavam a pessoas livres e brancas a administração de seu dinheiro e de seus bens.[27] Vê-se, então, uma forma peculiar da "brecha camponesa", numa região que na época era de pecuária, e confirma-se uma vez mais a inserção do protocampesinato escravo nos circuitos mercantis locais. O fato de haver escravos dispondo de pro-

---

(26) Fragoso, João Luís Ribeiro, "O 'estabelecimento agrícola' escravista-exportador em Paraíba do Sul (1850-1885): primeiras notas", Rio de Janeiro, 1985 (datil.), p. 37.

(27) Mattos, Maria Regina Mendonça Furtado, "Vila do Príncipe — 1850-1890. Sertão do Seridó. Um estudo de caso da pobreza", Niterói, Universidade Federal Fluminense, 1985 (dissertação inédita de mestrado), pp. 124-127, 139-141.

priedade imobiliária é também inusitado e extremamente interessante.

Ainda em favor do caráter mercantil das atividades protocamponesas, Diana de Galliza mostrou que, na época do surto algodoeiro, escravos da Paraíba acumularam pecúlio, visando à alforria, pelo cultivo do algodão em seus lotes, vendendo-o depois. O número de manumissões aumentou significativamente na província naquela época, isto é, na década de 1870.[28]

Uma vez apresentadas algumas das fontes em forma direta, ou já passadas pelo crivo da pesquisa, talvez uma boa forma de iniciar uma análise mais geral e conclusiva seja a crítica a uma concepção acerca das atividades autônomas dos escravos, que é bem distinta da nossa: a de Jacob Gorender.[29]

A sua exposição a respeito tem, sem dúvida, alguns méritos. Já dissemos que ressalta a existência do hábito de conceder parcelas aos escravos antes mesmo de iniciada a colonização do Brasil. Tem, também, razão ao dizer que a difusão de tal hábito às Guianas e Antilhas, por holandeses expulsos de Pernambuco no século XVII, foi possível por se adequar às condições estruturais do Caribe, semelhantes às do Brasil. Suas páginas sobre o tema apresentam, no entanto, vários erros: 1) considerar os lotes dos escravos basicamente como "um dos componentes da economia natural" no interior da *plantation* escravista, permitindo no máximo "um escambo elementar", quando não fossem avassalados "pela monocultura", passando à economia mercantil mediante a produção de artigos de exportação,

---

(28) Galliza, Diana Soares de, *O declínio da escravidão na Paraíba 1850-1888*, João Pessoa, Editora Universitária, 1979, pp. 148-149.
(29) Gorender, *op. cit.*, pp. 258-267.

como algodão ou café, por "incentivo dos próprios senhores"; 2) afirmar que, mais freqüente nas *plantations* algodoeiras e cafeeiras, devido a serem suas exigências de trabalho relativamente menores ou menos constantes, a concessão de terras aos escravos fora, pelo contrário, "extremamente eventual" nos engenhos de açúcar; 3) ver, de qualquer modo, em tal concessão, não uma "peça indispensável", e sim eventual, acessória ou condicional no seio do escravismo colonial, sujeita sempre ao arbítrio dos senhores, que, aliás, nem sempre respeitavam o tempo livre, em princípio concedido ao escravo para o trabalho nas parcelas; 4) por fim, minimizar sistematicamente a questão — no Brasil e mesmo nas Antilhas (neste caso, sem informação atualizada ou mesmo minimamente suficiente) —, além de considerá-la, em forma unilateral (apoiando uma afirmação de Manuel C. de Andrade), como uma "vantagem para o senhor e não para o escravo".

Se há algo que não deixa lugar a dúvidas, no Brasil ou alhures, é a vinculação da "brecha camponesa" às atividades mercantis — vinculação que os trabalhos recentes, apoiados em documentação abundante e adequada, vêm confirmando crescentemente. Sendo assim, ainda admitindo-se que as parcelas dos escravos cumpriam a função de garantir, no todo ou em parte, a reprodução da força de trabalho, considerá-las como economia natural é totalmente inadequado. Mesmo a mencionada reprodução passava, com freqüência, pelo mercado: venda de alimentos correntes, para obter o que o Barão de Pati do Alferes chamou de "comida de regalo".

Quanto a esta inserção mercantil, parecem-nos perfeitamente sensatas as conclusões que retira Schwartz do episódio do engenho de Santana, por ele publicado — e que são contrárias às de Gorender —, já que vários outros elementos (alguns dos quais foram por nós apresentados) as apóiam:[30]

> "O fato de que estes escravos eram capazes de produzir um excedente comercializável é sublinhado por sua exigência de que o dono da fazenda lhes consiga um barco grande para levar os seus produtos ao mercado em Salvador, livrando-os de pagar os fretes usuais. Temos aqui uma prova de que mesmo escravos utilizados na agricultura eram capazes de participar diretamente na economia de mercado e de acumular capital. Isto explica como certos escravos adquiriram as somas necessárias para comprar a sua liberdade. Além disso, essa prova deveria provocar algum questionamento da generalização, tão freqüentemente repetida, de que, porque os escravos não podiam acumular capital, não havia mercado interno no Brasil colonial e portanto não existia verdadeira oportunidade para um desenvolvimento industrial. Até compreendermos melhor a relação entre os escravos e a economia monetária, tal generalização é quando muito hipotética".

Pelas mesmas razões, não achamos razoável imputar aos senhores a decisão dos escravos de, em certas circunstâncias, preferir plantar algodão ou café — ou criar gado, ou, eventualmente, praticar o artesanato.

Stuart Schwartz demonstrou também, como já o disséramos, que a concessão de parcelas e tempo para cultivá-las era muito difundida nos engenhos de açúcar da Bahia, por ele bem estudados, no relativo à época colonial e primeiras décadas do século

---

(30) Schwartz, Stuart B., "Resistance and accomodation...", cit., p. 73.

XIX. Note-se que isto não quer dizer que, na época da safra, o trabalho agroindustrial, ao intensificar-se, deixasse de interferir negativamente nas atividades autônomas dos cativos. Mas, como disse o naturalista Alexandre Rodrigues Ferreira em documento que citamos, os engenhos não moíam cana durante o ano inteiro.

As duas últimas objeções que fizemos a Gorender remetem, no fundo, ao mesmo equívoco: uma percepção unilateral do que chamamos de "brecha camponesa", assumindo a respeito a mesma postura dos antigos senhores de escravos, que a viam somente como "concessão" revogável. Na medida, porém, em que se converteu em costume cada vez mais arraigado e difundido — coisa para a qual apontam os próprios documentos usados por Gorender —, tal revogação tornou-se, na prática, muito difícil de realizar. Por outro lado, ela significaria forçosamente passar a alimentar e vestir os escravos agora em forma integral, através de rações e distribuições garantidas pelo dono: seria isto sempre possível, desejável ou racional? Por estas e outras razões — inclusive aquelas ligadas ao controle social, muito importantes e perfeitamente percebidas pelos senhores aqui e alhures —, as parcelas dos escravos eram, sim, "peça indispensável" do escravismo tal como existiu nas Américas; mesmo se, sem dúvida, houvesse casos individuais, e talvez (embora os estudos não o permitam ainda esclarecer) conjunturas variáveis regionalmente, em que certos senhores puderam preferir e impor o sistema de rações. Assim como, obviamente, podia acontecer que os proprietários não respeitassem sempre e estritamente o tempo livre de seus negros. Qualquer das duas coisas, uma vez bem implantado o sistema de lotes, não se faria sem problemas, posto que os escravos certamente não pensavam como Correia de Andrade e Gorender: viam, com razão, que o sistema de parcelas comportava benefícios e vantagens para eles, e lutavam para que assim fosse ao máximo, ampliando sua autonomia e extensão na medida do possível. Os elementos errôneos na concepção de Gorender sobre a "brecha camponesa" e sua relevância (ou, para ele, sua pouca relevância) decorrem de uma visão monolítica, "classificatória" (à maneira dos velhos manuais de marxismo) e irrealista do próprio escravismo e, em geral, da noção de modo de produção; de uma tal visão resulta, entre outras conseqüências, a imagem do escravo como objeto, e jamais como sujeito social. Decorrem também do tradicional paroquialismo brasileiro neste campo de estudos. Como o próprio Gorender admite que, nas Antilhas, a economia se baseava "no mesmo modo de produção" e se regia "pelas mesmas leis objetivas" que no Brasil colonial, é possível que uma informação mais circunstanciada acerca da "brecha camponesa" no Caribe pudesse fazê-lo mudar sua perspectiva ou, pelo menos, atenuar-lhe a rigidez dogmática.

Os documentos e análises sumariamente apresentados mostram certas coisas com clareza, outras como interrogações sobre as quais não se pode ainda concluir taxativamente.

Alguns pontos já foram apontados, como, por exemplo, a vinculação mercantil das parcelas que, direta ou indiretamente, pode ser inferida da maioria dos textos disponíveis desde o século XVIII, e que está particularmente bem documentada para o século XIX. Parece-nos claro, também, que as duas modalidades da "brecha camponesa", de que falávamos ao concluir o capítulo anterior, coexistiram no Brasil — com a particularidade, aqui, de não ter sido comum, aparentemente, a atribuição de hortas domésticas junto aos alojamentos —, ao longo do tempo, sem um predomínio claro de uma delas. Isto explica as afirmações, à primeira vista contraditórias, das fontes sobre a importância relativa dos lotes, e sobre atribuir-se ou não o sábado aos cativos, para o seu cultivo, além dos domingos e dias santificados: é que, em certos casos, se estava falando das parcelas como complemento de rações distribuídas; em outros, como única fonte da alimentação e do vestuário dos escravos rurais (é útil, a respeito, a tipologia de Vilhena acerca das formas de alimentar os negros). Será possível perceber, como no Caribe, marcos cronológicos na evolução do sistema? Pareceria que sim. Gorender chamou a atenção para o fato de, no início do século XVIII, as fontes mencionarem a atribuição de lotes como opção de alguns senhores — embora, por outro lado, os autores em questão parecessem preocupados tão-somente com os senhores de engenho, que longe estavam de constituir a totalidade ou a maioria dos donos de escravos rurais. Antonil chega a afirmar — coisa bem pouco freqüente na documentação a respeito em todo o mundo americano, como sublinhamos — que alguns senhores enviavam um feitor com os escravos às parcelas, para que não se descuidassem da produção de alimentos. Já em fins do século XVIII, cita Gorender, Silva Lisboa (1781) achava que o "sistema do Brasil" tinha um caráter "quase universal".[31] Independentemente das interpretações do próprio Gorender a respeito, e do grau (nunca total, claro) dessa universalidade, parece-nos razoável ver, ao longo do século XVIII, uma progressiva extensão

(31) Gorender, *op. cit.*, pp. 260-261.

do sistema e — o que é mais importante — o fato de que os escravos se apropriaram dele, assumiram-no, crescentemente, passando a lutar para preservá-lo e ampliá-lo.

Isto poderia vincular-se, como nas Antilhas e no Sul dos Estados Unidos, a uma freqüência progressivamente maior de núcleos familiares estáveis (na prática, sempre mais numerosos entre os cativos do que no passado se supunha) e de escravos crioulos. No engenho de Santana, comenta E. Silva que os insubmissos de 1789/1790 [32]

"... jogam, sem nenhum pudor, o fardo maior do sistema (escravista) nas costas — para eles desprezíveis — dos negros mina. Mina deve indicar, aqui, escravos africanos, em oposição aos revoltosos, provavelmente crioulos. Perceber esta divisão é extremamente importante para a abertura de uma nova problemática: ela implica diferentes possibilidades de negociação. Os recém-chegados, ainda não aculturados — *boçais*, portanto —, tinham muito menos possibilidades de negociar do que os *ladinos*".

Se tal correlação existir, é possível que Gorender tenha razão em admitir um incremento do sistema de parcelas após a cessação do tráfico africano em 1850 — embora atribuindo o fato à preocupação dos fazendeiros de café, e mesmo sendo errôneo um dos exemplos que cita (o livro do Barão de Pati do Alferes, que é, na verdade, anterior a 1850: é que Gorender usou a edição póstuma de 1878).[33] Seria interessante verificar se existe alguma diferença, nas décadas finais da escravidão brasileira, no peso das atividades autônomas dos escravos em São Paulo,

(32) Silva, E., "Entre Zumbi e Pai-João...", cit.
(33) Gorender, *op. cit.*, p. 263.

onde havia maior proporção de cativos crioulos, e no Rio de Janeiro, em cuja população escrava eram mais numerosos os africanos.[34]

A comprovação de uma relação entre a maior importância da "brecha camponesa" e o peso dos escravos crioulos viria juntar-se à constatação da existência daquela no caso da escravidão indígena amazônica, no sentido de apoiar razões estruturais que expliquem o sistema de parcelas, contra a hipótese — aventada nas Antilhas — de uma origem ligada à tradição camponesa da África Negra pré-colonial, de onde procediam os escravos transportados ao continente americano pelo tráfico. O que, naturalmente, não eliminaria a possibilidade da presença de elementos africanos na agricultura das parcelas, bem comprovada no Caribe: mesmo se a razão central da existência dos lotes dos escravos residiu, como acreditamos, em causas estruturais, as circunstâncias históricas de seu desenvolvimento permitem que se deva esperar, e mesmo achar raízes africanas para algumas das práticas agrícolas específicas levadas a cabo nas parcelas.

O protocampesinato escravo como tema de estudos no Brasil: do relativo desinteresse à polêmica

Como vimos, aquilo que Sidney Mintz chama de "protocampesinato escravo" — ou seja, as atividades agrícolas autônomas dos escravos nas parcelas e no tempo para cultivá-las, que lhes eram concedidos dentro das *plantations*, e a venda de

---

(34) Merrick, Thomas W. e Graham, Douglas H., *População e desenvolvimento econômico no Brasil de 1800 até a atualidade*, trad. Waltensir Dutra, Rio de Janeiro, Zahar, 1981, pp. 94-96.

todo excedente eventual de alimentos assim produzidos — tem sido bem estudado no Caribe e no Sul dos Estados Unidos. No Brasil, porém, até bem recentemente atraiu pouca atenção.

Entendamo-nos, entretanto: quando dizemos que tal tema atraiu pouca atenção entre pesquisadores brasileiros, não estamos querendo afirmar que eles simplesmente o ignoraram. Isto seria, aliás, impossível, já que diferentes tipos de fontes que usaram para escrever a história da escravidão mencionam com freqüência as parcelas entregues aos escravos nas propriedades rurais. Mas não há dúvida de que, na sua maioria, os autores que trataram do assunto tendessem a minimizar a importância das atividades autônomas dos cativos, sob a dupla influência de uma concepção monolítica do que teria sido a escravidão, e de livros moralizantes escritos por jesuítas como Benci e Antonil, os quais, como também acontecia com outros observadores, denunciavam que muitos senhores não alimentavam nem vestiam adequadamente seus escravos — nem lhes davam tempo suficiente para cultivarem seus lotes, cuja posse, aliás, apresentam como um favor revogável que o senhor poderia facilmente cancelar. Ao ler este tipo de afirmações, em especial as mais exageradas, sempre nos causou estranheza o fato de se ter acreditado tão facilmente em assertivas de tal jaez. É evidente que, mesmo quando os escravos fossem relativamente baratos (e portanto substituíveis pelo tráfico africano sem maiores problemas), era preciso organizar de algum modo a sua alimentação.

Seja como for, o fato é que, nos últimos sete anos, a temática que nos interessa começou a atrair maior atenção e — o que é ainda mais importante — a tornar-se objeto de pesquisa.

Parece que o novo interesse pelo protocampesinato escravo está ligado à publicação de dois artigos, ambos redigidos em 1977. Naquele ano, Stuart B. Schwartz publicou, já o mencionamos, dois documentos relacionados com um incidente que ocorreu em 1789-1790, quando um grupo de escravos do engenho de Santana (perto de Ilhéus, na Bahia), depois de fugir, redigiu — e este é o único exemplo de um tal documento que temos — suas condições para voltar à *plantation*. As condições incluíam dois dias livres, por semana, para plantar arroz e outras provisões; outrossim, os documentos indicam com clareza que esses escravos estavam acostumados a praticar sua própria agricultura e a vender alimentos em Salvador. Em 1979, publicamos uma versão aumentada de uma comunicação escrita em 1977, "A brecha camponesa no sistema escravista".[35] Os artigos de Schwartz e nosso provocaram diversas discussões e considerável controvérsia.

O primeiro debate a respeito de ambos os artigos — bem como a respeito de outros aspectos da escravidão colonial — que nos interessa mencionar encontra-se num ensaio escrito por Antônio Barros de Castro.[36] Este autor discute com algum detalhe, em seu texto, o artigo de Schwartz — ou, mais exatamente, as fontes primárias que publicou o brasilianista. Acha Castro que as peripécias sugeridas pela documentação publicada por Schwartz — escravos que fogem e depois fazem conhecidas suas condições para voltar — não constituíam algo que

---

(35) Cardoso, Ciro F. S., *Agricultura, escravidão e capitalismo*, Petrópolis, Vozes, 1979, cap. 4; Schwartz, Stuart B., "Resistance and accomodation...", cit. (ver nota n.º 15 deste cap.).

(36) Castro, Antônio Barros de, "A Economia Política, o capitalismo e a escravidão", *in* Amaral Lapa, José Roberto (org.), *Modos de produção e realidade brasileira*, Petrópolis, Vozes, 1980, pp. 67-107.

tenha ocorrido só raramente nos tempos escravistas, e sim um incidente comum. O fato de que no Brasil se conheçam mal tais questões é evidente; mas, a julgar pelo que acontecia nas Antilhas e Guianas, ele tem certamente razão, sendo o único traço incomum, claro, o de que os escravos tenham escrito suas condições, em lugar de parlamentar com seu dono através de um religioso ou de algum outro homem branco.

Menos convincente é que, na opinião de Castro, as exigências feitas pelos cativos, se aceitas, significariam uma mudança profunda do sistema social existente: pelo menos no tocante à "brecha camponesa", as exigências em questão estavam contidas dentro dos limites que o sistema tolerava perfeitamente no Caribe e alhures. É verdade, porém, que havia outras exigências no documento, bem menos aceitáveis para os senhores: sobretudo que os feitores escolhidos pelo senhor tivessem de ser aprovados pelos escravos, e algumas regulamentações acerca do regime de trabalho. Em 1885, dizia Laerne num livro que cita Castro, referindo-se o observador do século passado às fazendas de café: "O trabalho de domingo, não sendo compulsório, também é pago".[37] Castro vê nesta frase, como em outras que cita, a indicação de uma transição de um a outro regime de trabalho. Mas o pagamento pelo trabalho dominical, ou em dias feriados, aparece documentado em diversos períodos, tanto no Brasil quanto em outras regiões escravistas.

Ao comentar nosso artigo de 1979, Castro pensa que erramos ao sublinhar o aspecto "funcional"

---

(37) Laerne, C. F. Delden, *Brazil and Java*, Londres, 1885, *apud* Castro, "Em torno à questão das técnicas no escravismo", Rio de Janeiro, 1976 (comunicação mimeogr.), p. 13.

do protocampesinato escravo dentro das *plantations*. Acha que a emergência do mencionado protocampesinato foi uma conquista dos escravos, isto é, um resultado da luta de classes. Esta é uma idéia atraente, mas não confirmada pela documentação nas áreas onde o tema tem sido bem pesquisado, mesmo sendo verdade que, com o tempo, os escravos apoderavam-se da questão e passavam a reivindicar a extensão da "brecha camponesa".

A última dentre as idéias de Castro, que vamos citar, é positiva: ele acredita que alguns tratamentos de nosso tema mostram forte tendência a vê-lo como algo estático, dado de uma vez por todas, quando de fato deve ter sido bem variável no tempo e no espaço, como o são usualmente todos os objetos que se oferecem ao historiador. Já vimos que isto é exato.

A próxima discussão sobre bases teóricas, que nos vai interessar, deve-se a Maria Yedda Linhares e Francisco Carlos Teixeira da Silva.[38] Eles argumentam que muitos estudiosos que pesquisaram sobre o período colonial brasileiro não estiveram suficientemente atentos às diferentes formas da agricultura de subsistência e ao problema essencial de como eram formados os mercados no interior da colônia: e isto ao ponto de formar-se uma forte tradição entre historiadores, a respeito do campesinato brasileiro, a qual o dava como um fenômeno muito tardio na história agrária do país. Deve notar-se que o que eles dizem é verdade quanto aos pesquisadores brasileiros, mas não quanto aos brasilianistas, que há muito se ocupam do campesinato colonial.[39] Sobre

---

(38) Linhares, Maria Yedda e Silva, Francisco Carlos Teixeira da, *História da agricultura brasileira*, São Paulo, Brasiliense, 1981, pp. 117-118 e, mais em geral, 117-134.

(39) *Cf.* Schwartz, Stuart B., "Elite politics and the growth of a peasantry in late colonial Brazil", *in* Russell-Wood, A. J. R. (ed.), *From colony to*

este pano de fundo é que os dois autores discutem o protocampesinato escravo, vendo-o como uma das maneiras através das quais um campesinato veio a existir no Brasil desde a colônia. Eles apóiam os pontos principais dos artigos de Schwartz e nosso, e usam algumas fontes primárias que foram coletadas por um deles durante uma pesquisa prévia que ainda será mencionada.

Cabe-nos, agora, resumir o ataque mais cabal já desfechado contra a idéia de um protocampesinato escravo que conhecemos: um artigo recente de Jacob Gorender.[40] O autor discute em seu texto muitos assuntos, mas aqui nos limitaremos à análise de seus argumentos contra as opiniões de Schwartz e nossas. Depois de uma breve referência ao conteúdo de nosso artigo, Gorender começa seu desenvolvimento do tema negando o que afirmáramos: que a temática das atividades de subsistência dos escravos, em lotes que eventualmente recebiam, tenha sido insuficientemente estudada por estudiosos brasileiros. Trata, então, de especificar as fontes primárias que ele mesmo usou ao preparar seu livro *O escravismo colonial* (escritores da colônia, viajantes e observadores do século XIX, alguns donos de *plantations* do período imperial), citando depois diversos historiadores e sociólogos que aludiram ao hábito de se concederem lotes de terra aos escravos, dentro das propriedades rurais. Expõe, então, seus argumentos principais, que podem ser reduzidos aos seguintes três pontos: 1) autores coloniais como Benci e Antonil não induzem a erro, pois a importância da

---

nation, Baltimore, Johns Hopkins Press, 1975, pp. 133-155; Schwartz, Stuart B., "Perspectives of Brazilian peasantry: a review essay", *Peasant Sutdies*, V, 4, out. 1976, pp. 11-19.

(40) Gorender, Jacob, "Questionamentos sobre a teoria econômica do escravismo colonial", *Estudos Econômicos*, 13, 1, 1983, pp. 7-39.

produção de alimentos pelos escravos em seus lotes não era muito grande, posto que os traços estruturais do modo de produção escravista colonial deixavam pouca margem para atividades relativamente autônomas dos cativos: tais como eram, essas atividades não mudavam a estrutura ou a dinâmica daquele modo de produção; 2) um conceito como "brecha camponesa" constitui, então, um erro teórico, pois não existe brecha alguma, nem existia um setor camponês distinto da *plantation*: quando o escravo cultivava seu lote, estava submetido às mesmas relações de produção e ao mesmo dono, tal como, por exemplo, ao trabalhar nos canaviais (Gorender, a partir de sua posição monolítica e abstratamente classificatória e estática, acha que a opinião contrária conduziria inevitavelmente a substituir o conceito de modo de produção escravista colonial por uma espécie de servidão medieval com alguns aspectos de escravidão — o que é absurdo, já que a relação ente o protocampesinato e a *plantation*, em suas modalidades bem como nas proporções, nada tem a ver com aquela que se estabelecia entre a parcela camponesa medieval e a economia senhorial); 3) finalmente, ele diz que a razão teórica de tais "equívocos" é o fato de não termos usado adequadamente categorias como "modo de produção" e "formação social"... A última seção do artigo de Gorender, que nos interessa aqui, se ocupa da revolta de escravos do engenho de Santana, na Bahia, tal como foi estudada por Schwartz. Contrariamente à opinião de Schwartz e outros autores, Gorender pensa que este foi um caso muito peculiar, nada típico. Este engenho pertencia aos jesuítas, foi confiscado pelo governo quando os padres foram expulsos do Brasil, e, depois de algum tempo, vendido a um cidadão privado. Os jesuítas praticavam uma forma diferente de administração, encorajando a procriação, permitindo aos escravos possibilidades muito maiores para suas próprias atividades agrárias e um acesso mais fácil à alforria. A perda de tais vantagens, quando o engenho começou a ser administrado como qualquer outro, foi, assim, a causa real da revolta.

É evidente que poderíamos discutir eternamente sobre a importância efetiva das atividades autônomas dos escravos, as agrícolas e as comerciais, à base do tipo de fontes que Gorender usou: viajantes, exemplos isolados de *plantations*, tratadistas coloniais, etc. Isto ocorre porque simplesmente tais fontes são inadequadas para sopesar tais atividades em seu peso relativo no conjunto social. Se alguém duvida de que tenham sido importantes, o que há a fazer em boa metodologia é reconstituir a estrutura agrária global e as transações em seu movimento geral, e então verificar que parte os escravos tiveram, como agentes autônomos, na estrutura e nas transações. É algo difícil de se fazer, já que deve ser realizado local e regionalmente primeiro, antes de se chegar a qualquer generalização englobante (mas esta, quando finalmente possível, será muito sólida). Seja como for, as fontes necessárias para tal existem e estão disponíveis: papéis dos cartórios, listas do dízimo, etc. Veremos, ao mencionar atividades recentes de pesquisa, que certos estudiosos jovens estão fazendo este tipo de trabalho — e verificando que a importância das atividades autônomas dos escravos era muito considerável.

A segunda crítica que Gorender faz ao nosso artigo mostra, antes de mais nada, sua incompreensão do sentido que damos à expressão "brecha camponesa no sistema escravista". Por "brecha" não entendemos, de forma alguma, um elemento que pusesse em perigo, mudasse drasticamente ou diminuísse o sistema escravista. A analogia com uma brecha na muralha de uma fortaleza assediada seria algo totalmente equivocado. O que queremos significar — e cremos que também Lepkowski, ao criar a expressão — é uma brecha para o escravo, como se diria hoje "um espaço", situado sem dúvida dentro do sistema, mas abrindo possibilidades inéditas para atividades autônomas dos cativos. Dizer que não havia diferença, que as mesmas relações de produção prevaleciam nos canaviais e nas parcelas dos escravos só revela, em nossa opinião, uma profunda ignorância de como funcionava a "brecha camponesa", do sentido que tinha e do próprio conteúdo das fontes mais detalhadas a respeito; revela, também, uma visão dogmática e rígida do que são um modo de produção e uma formação econômico-social como conceitos e como objetos históricos. Tal visão conduz Gorender a negar todos os exemplos, conhecidos, de quão importante podiam ser as atividades de escravos produzindo e vendendo alimentos: para ele, isso não passa de exceções, de fenômenos irrelevantes ou marginais, algo a que ele crê necessário negar qualquer autonomia como objeto de pesquisa, com o fito de preservar o esquema de que parte em toda a sua rigidez estática.

Como não achamos que nos caiba discutir se usamos adequadamente ou não determinados conceitos e categorias — embora duvidemos da autoridade que se arroga para decidir a respeito —, resta-nos discutir, então, a opinião que tem Gorender acerca do caso do engenho de Santana. Tratar-se-ia, como diz, de um caso atípico?

Schwartz mostrou que a administração dos jesuítas em Santana nada teve de paternalista e lembrou com razão que, ao dar-se o episódio da fuga e do "tratado" proposto, já fazia três décadas que os padres haviam perdido o engenho![41] Muitas das peculiaridades que Gorender crê perceber em Santana são de fato características correntes, bem atestadas no Caribe e no Sul dos Estados Unidos — por exemplo, a possibilidade, para o escravo, de trabalhar em seu lote regularmente e sem interferência do dono ou seus representantes, a possibilidade de vender os excedentes e, assim, acumular algum pecúlio para comprar sua liberdade (coisa que, sem dúvida, poucos conseguiam), etc.

Um documento mostra que a rebelião de 1789-1790 não foi a última no engenho de Santana. Em 1821, os escravos, em nova rebeldia, chegaram a controlar a *plantation*. Isto durou até 1824, quando fugiram, formando um quilombo considerável e bem organizado com doze cabanas, campos de mandioca, café e algodão, dois teares, diversos implementos metálicos, depósitos de peixe seco, sal e farinha de mandioca. Não sabemos como e quando os quilombolas foram recapturados.[42] Obviamente, seria difícil atribuir esta rebelião aos efeitos da expulsão dos jesuítas, ocorrida mais de sessenta anos antes!

Mencionaremos, agora, algumas pesquisas novas a respeito das estruturas protocamponesas brasileiras.

Um dos temas menos estudados da história econômica do Brasil é o abastecimento de alimentos para o mercado interno. Em 1979, Maria Yedda Li-

(41) Schwartz, *Sugar plantations...*, op. cit., p. 530, nota n.º 103.
(42) Arquivo do Estado da Bahia, Seção Histórica, Polícia (Assuntos), 1824-1835, pacote 3108: João Dias Pereira Guimarães ao Presidente da Província da Bahia, 14 de julho de 1828. Devemos a João José Reis a indicação deste documento, de que gentilmente nos enviou uma cópia.

nhares tratou de enfrentar este assunto difícil.[43] No concernente aos lotes cultivados por escravos que depois vendiam excedentes agrícolas, ela chegou, à base de sua pesquisa, às mesmas conclusões que naquele mesmo ano expusemos em nosso artigo (por ela conhecido em versão anterior), opondo-se aos que acreditam terem sido, aquelas atividades autônomas dos cativos, esporádicas e pouco importantes.

Em certas regiões brasileiras, os inventários *post mortem* de bens eram muito detalhados, ao ponto de, quanto às fazendas, darem a descrição das parcelas dos escravos e do que continham; em outros casos, a menção às "roças dos negros" pode aparecer só de passagem. Outra fonte útil era gerada pelo fato de que as pessoas que administravam bens de órfãos deviam prestar contas detalhadamente: seus relatórios, ao tratar das fazendas, contêm mesmo as quantidades anuais de arroz, feijão, galinhas e outros alimentos vendidos pelos escravos a essas unidades rurais. Por fim, para certos períodos e regiões existem listas minuciosas do dízimo: vimos que, no caso de Goiás, em 1795, permitiram abordar o papel dos escravos no abastecimento local. Um novo tipo de pesquisa, baseado em tais fontes, está apenas começando no país, mas já contamos com alguns textos excelentes. Em muitos deles a grande importância do protocampesinato escravo aparece com clareza.[44]

---

(43) Linhares, Maria Yedda Leite, *História do abastecimento. Uma problemática em questão (1500-1918)*, Brasília, Binagri, 1979, especialmente pp. 87-90.

(44) Por exemplo: Fragoso, "Sistemas agrários em Paraíba do Sul (1850-1920)", Rio de Janeiro, Universidade do Rio de Janeiro, 1983; Funes, Eurípedes A., *op. cit.*, (nota n.º 18 deste cap.); Corsetti, Berenice, "Estudo da charqueada escravista do Rio Grande do Sul, 1800-1890", Niterói, Univer-

Desde sua dissertação de Mestrado, recentemente publicada, o historiador Eduardo Silva tem-se ocupado com a temática da "brecha camponesa" na mesma linha por Schwartz e por nós iniciada no Brasil. Os resultados do seu esforço são de grande interesse.[45]

---

sidade Federal Fluminense, 1983. Os três trabalhos são dissertações inéditas de mestrado.

(45) Ver os trabalhos de Eduardo Silva citados nas notas n.ºs 23 e 24 deste capítulo.

Biografia

Ciro Flamarion Santana Cardoso nasceu em Goiânia em 1942. Cursou História na Universidade Federal do Rio de Janeiro, formando-se em 1965.

Depois de lecionar durante dois anos na mesma universidade e na Universidade Católica de Petrópolis, empreendeu estudo de pós-graduação em História, concluindo em 1971 o doutorado na Universidade de Paris X (Nanterre).

Foi, em seguida, pesquisador do Programa Centro-Americano de Ciências Sociais, na Costa Rica (1971-1975) e do Instituto Nacional de Antropologia e História, no México (1976-1979). Como professor convidado, lecionou na sede mexicana da Faculdade Latino-Americana de Ciências Sociais (FLACSO), no Colégio do México, na universidade inglesa de Oxford e na Universidade de Amsterdã. Como professor de quadro, ensinou na Universidade da Costa Rica. Desde março de 1979 é professor de mestrado em História da Universidade Federal Fluminense (Niterói).

Obras principais: em colaboração com Héctor Pérez Brignoli, diversos livros, como *El Concepto de Clases Sociales* (Madri, 1977), *Centroamérica y la Economía Occidental* (San José, 1977), *Historia Económica de la América Latina*, 2 vols. (Barcelona, 1979), *Os Métodos da História* (Rio de Janeiro, 1979, trad.). Outros livros: *Agricultura, Escravidão e Capitalismo* (Petrópolis, 1979), *La Historia como Ciencia* (San José, 1975), *Afro-América: A Escravidão no Novo Mundo* (Ed. Brasiliense, 1982), *A América Pré-Colombiana* (Ed. Brasiliense, 1981), *O Egito Antigo* (Ed. Brasiliense, 1985) e *Uma Introdução à História* (Ed. Brasiliense, 1981). Publicou numerosos artigos e capítulos no México, no Brasil, na França e na Inglaterra.

Coleção Primeiros Passos
Uma Enciclopédia Crítica

ABORTO
AÇÃO CULTURAL
ACUPUNTURA
ADMINISTRAÇÃO
ADOLESCÊNCIA
AGRICULTURA SUSTENTÁVEL
AIDS
AIDS - 2ª VISÃO
ALCOOLISMO
ALIENAÇÃO
ALQUIMIA
ANARQUISMO
ANGÚSTIA
APARTAÇÃO
ARQUITETURA
ARTE
ASSENTAMENTOS RURAIS
ASSESSORIA DE IMPRENSA
ASTROLOGIA
ASTRONOMIA
ATOR
AUTONOMIA OPERÁRIA
AVENTURA
BARALHO
BELEZA
BENZEÇÃO
BIBLIOTECA
BIOÉTICA
BOLSA DE VALORES
BRINQUEDO
BUDISMO
BUROCRACIA
CAPITAL
CAPITAL INTERNACIONAL
CAPITALISMO
CETICISMO
CIDADANIA
CIDADE
CIÊNCIAS COGNITIVAS
CINEMA
COMPUTADOR
COMUNICAÇÃO
COMUNICAÇÃO EMPRESARIAL
COMUNICAÇÃO RURAL
COMUNIDADE ECLESIAL DE BASE
COMUNIDADES ALTERNATIVAS
CONSTITUINTE
CONTO
CONTRACEPÇÃO
CONTRACULTURA
COOPERATIVISMO
CORPO
CORPOLATRIA
CRIANÇA
CRIME
CULTURA
CULTURA POPULAR
DARWINISMO
DEFESA DO CONSUMIDOR
DEMOCRACIA
DEPRESSÃO
DEPUTADO
DESENHO ANIMADO
DESIGN
DESOBEDIÊNCIA CIVIL
DIALÉTICA
DIPLOMACIA
DIREITO
DIREITO AUTORAL
DIREITOS DA PESSOA
DIREITOS HUMANOS
DOCUMENTAÇÃO
ECOLOGIA
EDITORA
EDUCAÇÃO
EDUCAÇÃO AMBIENTAL
EDUCAÇÃO FÍSICA
EMPREGOS E SALÁRIOS
EMPRESA
ENERGIA NUCLEAR
ENFERMAGEM
ENGENHARIA FLORESTAL
ESCOLHA PROFISSIONAL
ESCRITA FEMININA
ESPERANTO
ESPIRITISMO
ESPIRITISMO 2ª VISÃO
ESPORTE
ESTATÍSTICA
ESTRUTURA SINDICAL
ÉTICA
ETNOCENTRISMO
EXISTENCIALISMO
FAMÍLIA
FANZINE
FEMINISMO
FICÇÃO
FICÇÃO CIENTÍFICA
FILATELIA
FILOSOFIA
FILOSOFIA DA MENTE
FILOSOFIA MEDIEVAL
FÍSICA
FMI
FOLCLORE
FOME
FOTOGRAFIA
FUNCIONÁRIO PÚBLICO
FUTEBOL
GEOGRAFIA
GEOPOLÍTICA
GESTO MUSICAL
GOLPE DE ESTADO
GRAFFITI
GRAFOLOGIA
GREVE
GUERRA
HABEAS CORPUS
HERÓI
HIEROGLIFOS
HIPNOTISMO
HIST. EM QUADRINHOS
HISTÓRIA
HISTÓRIA DA CIÊNCIA
HISTÓRIA DAS MENTALIDADES
HOMEOPATIA
HOMOSSEXUALIDADE
IDEOLOGIA
IGREJA
IMAGINÁRIO
IMORALIDADE
IMPERIALISMO
INDÚSTRIA CULTURAL
INFLAÇÃO
INFORMÁTICA
INFORMÁTICA 2ª VISÃO
INTELECTUAIS

Coleção Primeiros Passos
Uma Enciclopédia Crítica

INTELIGÊNCIA ARTIFICIAL
IOGA
ISLAMISMO
JAZZ
JORNALISMO
JORNALISMO SINDICAL
JUDAÍSMO
JUSTIÇA
LAZER
LEGALIZAÇÃO DAS DROGAS
LEITURA
LESBIANISMO
LIBERDADE
LÍNGUA
LINGÜÍSTICA
LITERATURA INFANTIL
LITERATURA POPULAR
LIVRO-REPORTAGEM
LIXO
LOUCURA
MAGIA
MAIS-VALIA
MARKETING
MARKETING POLÍTICO
MARXISMO
MATERIALISMO DIALÉTICO
MEDICINA ALTERNATIVA
MEDICINA POPULAR
MEDICINA PREVENTIVA
MEIO AMBIENTE
MENOR
MÉTODO PAULO FREIRE
MITO
MORAL
MORTE
MULTINACIONAIS
MUSEU
MÚSICA
MÚSICA BRASILEIRA
MÚSICA SERTANEJA
NATUREZA
NAZISMO
NEGRITUDE
NEUROSE
NORDESTE BRASILEIRO
OCEANOGRAFIA
ONG
OPINIÃO PÚBLICA

ORIENTAÇÃO SEXUAL
PANTANAL
PARLAMENTARISMO
PARLAMENTARISMO MONÁRQUICO
PARTICIPAÇÃO
PARTICIPAÇÃO POLÍTICA
PEDAGOGIA
PENA DE MORTE
PÊNIS
PERIFERIA URBANA
PESSOAS DEFICIENTES
PODER
PODER LEGISLATIVO
PODER LOCAL
POLÍTICA
POLÍTICA CULTURAL
POLÍTICA EDUCACIONAL
POLÍTICA NUCLEAR
POLÍTICA SOCIAL
POLUIÇÃO QUÍMICA
PORNOGRAFIA
PÓS-MODERNO
POSITIVISMO
PREVENÇÃO DE DROGAS
PROGRAMAÇÃO
PROPAGANDA IDEOLÓGICA
PSICANÁLISE 2ª VISÃO
PSICODRAMA
PSICOLOGIA
PSICOLOGIA COMUNITÁRIA
PSICOLOGIA SOCIAL
PSICOTERAPIA
PSICOTERAPIA DE FAMÍLIA
PSIQUIATRIA ALTERNATIVA
PUNK
QUESTÃO AGRÁRIA
QUESTÃO DA DÍVIDA EXTERNA
QUÍMICA
RACISMO
RÁDIO EM ONDAS CURTAS
RADIOATIVIDADE
REALIDADE
RECESSÃO
RECURSOS HUMANOS
REFORMA AGRÁRIA
RELAÇÕES INTERNACIONAIS

REMÉDIO
RETÓRICA
REVOLUÇÃO
ROBÓTICA
ROCK
ROMANCE POLICIAL
SEGURANÇA DO TRABALHO
SEMIÓTICA
SERVIÇO SOCIAL
SINDICALISMO
SOCIOBIOLOGIA
SOCIOLOGIA
SOCIOLOGIA DO ESPORTE
STRESS
SUBDESENVOLVIMENTO
SUICÍDIO
SUPERSTIÇÃO
TABU
TARÔ
TAYLORISMO
TEATRO NO
TEATRO
TEATRO INFANTIL
TECNOLOGIA
TELENOVELA
TEORIA
TOXICOMANIA
TRABALHO
TRADUÇÃO
TRÂNSITO
TRANSPORTE URBANO
TROTSKISMO
UMBANDA
UNIVERSIDADE
URBANISMO
UTOPIA
VELHICE
VEREADOR
VÍDEO
VIOLÊNCIA
VIOLÊNCIA CONTRA A MULHER
VIOLÊNCIA URBANA
XADREZ
ZEN
ZOOLOGIA